U0732417

孩子不爱学习,父母怎么办

一个高级教师的教子笔记

任敏◎著

北京工业大学出版社

图书在版编目（CIP）数据

孩子不爱学习，父母怎么办：一个高级教师的教子笔记 ／
任敏著. —北京：北京工业大学出版社，2014.1（2021.9重印）
ISBN 978-7-5639-3769-1

Ⅰ.①孩… Ⅱ.①任… Ⅲ.①学习方法-家庭教育
Ⅳ.①G78

中国版本图书馆CIP数据核字(2013)第314922号

孩子不爱学习，父母怎么办——一个高级教师的教子笔记

著　　者：任　敏	
责任编辑：李　光	
封面设计：胡椒书衣	
出版发行：北京工业大学出版社	
	（北京市朝阳区平乐园100号　邮编：100124）
	010-67391722（传真）　　bgdcbs@sina.com
经销单位：全国各地新华书店	
承印单位：唐山市铭诚印刷有限公司	
开　　本：787 毫米×1092 毫米　1/16	
印　　张：14	
字　　数：150千字	
版　　次：2014年1月第1版	
印　　次：2021年9月第3次印刷	
标准书号：ISBN 978-7-5639-3769-1	
定　　价：39.80元	

版权所有　翻印必究

（如发现印装质量问题，请寄本社发行部调换 010-67391106）

序

世上没有笨孩子，正确的态度
和学习方法造就爱学习的好孩子

当您看着自己的孩子茁壮成长时，您体会到了作为父母的幸福和快乐；而当您的孩子学习成绩欠佳时，您却又感到落寞和惆怅。父母往往无奈地叹息："这孩子平时看着古灵精怪的，可是一到学习时怎么就那么笨呢？"世上没有笨孩子，您的孩子并不缺乏智慧，只是没找到正确的学习方法。学习是普适大众的智慧之举，学习是创造天才的阶梯，而不是只为天才而设。我们怎样才能帮助孩子在以学习为主题的成长阶段大步前行呢？我自己在多年的教育事业和亲身育子过程中投石问路，颇有心得。现在借这本书，让我们一起探讨、分享我在孩子教育途中的成败得失，让我们从改变自身的观念和行为做起，坚守最本真的教育理念。

正确的学习态度和良好的学习方法足以造就一个优秀的孩子。2002年，带领中国足球队第一次冲进世界杯的中国男足主教练米卢曾说过这样一句话：态度决定一切。主动积极的态度是做一切事情的基础，同样，孩子在学习中也需要依赖于积极的态度。好的态度源于正确的观念，父母为孩子在这纷繁的社会中找到正确的观念，才能帮助孩子树立积极向上的态度，避免各种影响学习和生活的负面因素。父母为了让孩子学习，往往采用简单低智商的手段：要么逼迫、恐吓，让孩子感觉学习更加艰难，甚至让孩子感觉到父母的敌意而产生对抗心理；要么靠收买，让孩子过早地把学习当作功利的事来做，但效果极其短暂。父母原本是想帮助孩子把学习变得轻松，结果适得 其反。只有帮助孩子在学习中树立正确的观念，让孩子对学习产生兴趣，孩 子才能爱上学习，父母才是真正帮助了孩子。

孩子是祖国未来的希望，父母要充满信心地培养孩子，也要多多激励 孩子。学习基础学科的知识对孩子来说不应该是为了考试，而是为了解决生 活中所接触到的问题。继续研究和创造的本领是基于当前所学知识的基础之 上。孩子身负继往开来的重任，他们不只是家庭的希望，更是社会的希望。 学习，并不是社会强加于人类的负担，而是人类顺利进化延续的一种自然活 动。它从环境中汲取经验，用于创造更大的价值，这是生而为人的使命，不 可逃避和逾越。让孩子早日正确面对自己未来的责任，学会有所担当，孩子 才能真正地长大。

父母只有引导孩子树立了对待学习的鲜明而正确的观念，孩子们才能踏 实主动地对待学习中的困难。孩子不仅要有积极主动的学习态度，还需要树 立一定的信心，才能有克服困难的勇气，父母的鼓励和支持是孩子进步的加 油站，要让父母的鼓励与信任成为孩子攀登知识高峰的有力推手。

每个孩子都各有所长，父母要帮助孩子认清自我，有针对性地取长补 短，引导孩子以有效的方法提高学习的效率，让孩子切实感觉到学习可以变 得轻松。不同的学科有不同的思维逻辑，当孩子不喜欢或认为一个科目困难 时，是因为孩子还没有掌握这门科目的学习方法，尚未适应这门科目的思维方式。父母 应该积极正确地引导孩子寻找学习各科目的规律，而不是过早地否定孩子在这方 面的潜能。孩子在正确的指导下会逐渐掌握学习的方法，最 终会寻找到捷径，轻松前行。

这本书将一名教师及家长的经验奉献给大家。希望它能成为迷雾中的 一点灯火，引领父母在教育孩子学习这条道路上直达目标，少走弯路；希望 它是知心的朋友，与父母共同探讨在孩子学习过程中父母应持有的态度和应 提供给孩子的帮助。正确的学习态度和学习方法铺就了一条通往优异成绩的 光明大道，请大家在本书中和我一起携手带领孩子走上这条大道吧！源于爱 的努力和坚持一定能够创造奇迹，在我们的努力下，让所有的孩子都爱上学 习，让学习真正变得轻松，我们的身边一定会出现一个又一个奋发向上、成 绩傲人的好孩子。让我们尽情地体会作为父母应该得到的欣慰和荣耀吧！

目　　　录

第一章　孩子反感学习，父母首先应向自身问责

第二章　璞玉待琢，父母如何练就天工巧手

第三章　雪化了是春天，不是泥水
——谈语文的学习

第四章　数学不是练习算数，而是寻找方法，培养思维
——谈数学的学习

第五章　找准突破点，启蒙孩子的语感
——谈英语的学习

第六章　学习艺术是为了体验生活之美
——谈艺术的学习

第七章　学习不光是从课本中汲取知识
——请善待孩子的"为什么"

第八章　做明智的父母，孩子不是小超人

第九章　养成好习惯，帮助孩子把学习变成轻松事

后　记

第一章 孩子反感学习，父母首先应向自身问责

1. 在面对孩子的学习时，父母是否饰演了恰当的角色

当孩子学习时，父母温软的心和满溢的爱都是必要的吗？父母付出了不必要的同情和怜悯，是鼓励孩子在困难面前妥协，这对孩子是一种难以抵挡的诱惑。恰如孩子刚刚鼓起勇气驾着小船航行在知识海洋里，父母又呼唤他们回航一样。

当孩子沉迷于玩耍时，父母往往怒气冲天，当孩子一心向学时，家长又怜爱有加。父母在孩子面前时而冷酷无情，时而卑躬屈膝，让孩子或惊恐或无奈，找不到安全感，而将内心封闭。怎样才能让孩子敞开心扉，和父母畅通地交流学习、生活中的感悟与得失呢？如果说孩子如知识大海中的一叶小舟，那么父母应是暗夜中的灯塔和温暖的港湾，为其引领航程，使小舟能够踏实而勇敢地游弋于知识的大海之上。即使迷失了方向，也能回到温暖的港湾。

孩子来到这个世界，担负着传承文明、继往开来的使命，他们的内心有自我发展的潜在动能和渴求。父母可以回想一下，孩子在懵懂的幼年时，总是在主动探索，去触摸不了解的物体，去睁大双眼观察身边的一切。即使到了启蒙阶段，孩子也是喜欢亦步亦趋地跟在老师后面学数字、学汉字，对一切都充满了好奇。

为什么孩子年龄越来越大，对学习的兴趣却越来越少了呢？原因自然是多方面的。作为父母，我们一直希望在学习中助孩子一臂之力，帮助孩子将学习的任务进行到底。于是我们总是帮他找缺点，制订各种计划，但是父母是否也能经常自省，我们是否一直以正确的态度在引导帮助孩子？并不是父母拥有一片热心或是一腔热血就能让孩子乖乖地学习。我们不能任意发挥，要按照自然规律的脚本来认真饰演父母的角色，才能让孩子认同，才能真正有益于孩子的发展。

在我的孩子皮皮成长的过程中，我从来不知道应该怎样定位我自己所扮演的角色。我是他的启蒙老师吗？或许算是，因为是我教会了皮皮人生的第一堂课，指导他的学习，将他引领到知识的殿堂。我是他的伴读书童吗？也算是，是我陪伴着皮皮进行每一个晨读和复习备考，皮皮的每一门功课，都是由我先熟记于心，再连同自己的心得体会一起转授给他的。我是他的保姆吗？这样说也未尝不可，我无微不至地照顾着皮皮的饮食起居，时刻关注他的健康情况，尽自己最大的努力为皮皮提供一个良好的学习环境……慢慢的我发现，连我自己都不知道我究竟是皮皮的老师还是保姆或朋友了，但是我知道这些词汇是互不矛盾的，"启蒙导师""伴读书童""专职保姆"，这些角色有一个共同的名字，被称作"母亲"。

做仆人是过时的

孩子的婴儿阶段时，是我们为人父母的初体验，似乎什么都没有孩子的哇哇啼哭来得重要，孩子的吃喝拉撒、孩子的身体健康总是让我们的心无法放下。父母所有的心思都用在了孩子的日常饮食起居上，这种心情总不能改变。孩子都已经雏鹰待飞了，我们还像母鸡护小鸡似的拉着他的后腿。有些孩子都一、二年级了，父母还是不敢让孩子自己出去玩耍，一定要提着水瓶跟在后面，一会儿怕孩子渴了，一会儿怕孩子摔了，在家里也是对孩子衣食住行照顾得周到有加。孩子都上小学了，应该让他自己学会照顾自己，当他自己一个人与别人相处时才能很快地适应环境。渴了，让他学会忍耐一下；摔了，让他下次学会机敏一些。孩子只要上学了，他的吃穿洗用、他的行为交往，就让他试着自己独立去做吧。当他遇到挑战时，让他努努力，他足以承受和战胜这些小小的挑战。每当父母面临这一切时，他们的紧张和不安比孩子要严重得多，而孩子却从这些日常小事里能够找到勇气、自信。没有父母在后面跟着，孩子才能让自己慢慢学会独立。该放手时就放手吧，你每一点"狠心"的放手，就是让孩子长本领学自立的机会，不要为了自己的心安，而不给孩子成长的机会。

有以上问题的父母，在孩子的日常生活中如此，在孩子的学习过程中也会如此。当孩子学习时，不是担心孩子累坏了就是担心孩子坐久了，生怕孩子因为学习累坏了，急于让孩子放松，带孩子去看看电影、串串亲戚。他们以自己想当然的理论来支配孩子的活动，认为是在辅助孩子的学习和成长，实则是在鼓励孩子在困难面前妥协，对孩子抛出难以抵挡的诱惑。就像让孩子衣来伸手、饭来张口一样，父母的糖丸是那么不请自到，哪个孩子不巴望呢？

皮皮小时候总是爱生病。我也一直谨小慎微地照顾他，这种习惯一直保持到了皮皮上学阶段，我总是放心不下让他自己照顾自己。

皮皮刚上学的时候，每天早上我要给他准备好衣服，将早饭都盛好，准时叫他起床。早上的时间很匆忙，加上刚起床的人意识有些模糊，于是皮皮起床后做事难免迟钝，迟到的现象时有发生。于是我总是在焦急地报时、催促，但是要上学的是皮皮，每次着急的却是我。

我意识到再让孩子这样依赖我可能会害了孩子，我只有早些让他学会照顾自己，让他自己为自己负起责任，才是真正地对他好。于是我跟皮皮商量，由他自己来管理自己上学时间，我来听他的。当我开始学他的样子也变得不紧不慢、悠然自得的时候，他开始看在眼中，急在心里了。

不久，皮皮就能做到早上起得比我早，还不断地去看时间，催促我早些出门。虽然我希望他能够再从容些，但是作为调动他主动性的开始，他已经会为自己的事操心了，我感觉轻松多了。

有些孩子放学回家以后，作业很多，很晚了还写不完，很多父母就亲自操刀越俎代庖了。这些父母把帮孩子写作业当成了侍候孩子穿衣吃饭。作业是老师给孩子的任务，孩子不管多难都应该学会独自承担，当孩子成功地完成老师所留下的作业时，孩子就会体会到完成使命的成就感。如果父母总是代劳完成，其实也是剥夺了孩子的历练机会和成功体验。

5

孩子其实早已经不需要仆人了，父母必须认清这个事实。推翻父母乐于扮演的仆人角色，这确实会有难度，但是这个角色的确已经过时，需要改头换面了。

做恩人是功利的

当孩子如父母所愿时，父母会感到无比欣慰；当孩子抗拒逆反时，父母则会感到无比失落。其实，父母之所以患得患失，是因为缺少一颗平常心。

父母往往感觉自己含辛茹苦地养育孩子长大，孩子就应该听话、顺从、懂得感恩。当孩子表现得不合自己的心愿时，父母的灰心丧气自然难以言表。文学家纪伯伦关于孩子的散文诗中这样说道："你们是弓，你们的孩子是被射出的生命的箭矢。那射者瞄准无限之旅上的目标，用力将你弯曲，以使他的箭迅捷远飞。让你欣然在射者的手中弯曲吧，因为他既爱飞驰的箭，也爱稳健的弓。"在这堪比先知的言语中，有很多哲理值得我们体味。首先，孩子与父母，一个是弓，一个是箭，各有所职，共同完成造物主赋予父母的使命。父母不是孩子的主宰，父母的职责是尽自己所能去协助孩子飞得更远。孩子是希望的承载体，他们注定要离开父母，而且走得比父母远，去父母所不及的地方。父母是孩子敬爱的长者，但千万莫以恩人自居，孩子承载着使命而来，任何加诸其身上的贪求的枷锁只会束缚了孩子。当你想到孩子是上帝派到你身边的天使时，你就不会盛气凌人，而是感恩上帝的赐予。

孩子的成长过程中曾给过我很多感动。

有一次，我生病发烧，皮皮的爸爸恰好出差了。皮皮看到这种情况，毅然担负起给我端水烧饭的责任，七岁的他从来没做过饭。我虽然很担心，但是由于身体不舒服，也就由他去了。当孩子在厨房忙了一通，稳稳地给我捧来一碗热腾腾的饭时，我的内心的确是感动极了，感谢孩子让我感受到这般的温暖。

我们给予孩子真诚，孩子同样也会将爱回馈给我们，如果要感恩，定是彼此都要做的。那种时时将"父母是孩子的绝对权威"之类的想法灌输给孩子的做法是不正确的。父母在养育孩子、照料孩子、帮助孩子成长的过程中，大概从来没有想过将来可以得到孩子的什么回报。父母对孩子的爱出于天性，出于本能，从来都不是自私的。

因此，父母要对自己亲自培养出来的孩子有信心，相信他们是有爱心、有孝心，懂得反哺的道理的人。我们不要做孩子的恩人，要做孩子的朋友。

做教官是无情的

在军营中，军令如山，言必出，行必果，教官威风凛凛，士兵坚强如钢，祖国的万里河山真真切切地由这样的钢铁城墙般的战士保卫着。现实中有这样一群孩子，在家是娇生惯养的骄子，来到军营经受过洗礼和锤炼，最终都能成为魏巍笔下"最可爱的人"。于是，有很多家长会想——自己是不是也可以在家里运用这种铁腕，让孩子变得像坚强自律的战士般不畏困苦，学习的问题不就迎刃而解了吗？然而，孩子的心何其柔软，性情何其奔放，不能与已成年的青年相比，真正的战士是用心在服从命令，因为是对国家、对亲人的爱和责任让他如钢铁般坚强，而对于未成年的孩子，威严的号令只是号令，他没有能力去赋予这号令和苛责自愿服从的理由。如教官般在孩子面前只发号施令，不苟言笑的冷酷，只会让孩子不理解，孩子麻木地遵守的同时，要么学会冷酷，要么学会在夹缝中求生存，不敢光明正大地说出自己的主张，还可能在教官不注意的时候开小差。

皮皮四岁的时候，爸爸准备教他学骑两轮的自行车。皮皮有些胆小，总不敢前行。爸爸很快失去了耐心，捡起一根树枝，抽在皮皮身上，逼他骑行。爸爸简单地以为棍棒下能出成绩，本来就不得要领的皮皮更加恐惧，最后爸爸气愤满怀，孩子满腹委屈，俩人闷闷不乐地回家了。从此以后，皮皮再也不愿意去学骑自行车。在我的劝说下，皮皮的爸爸从那以后很少采取这种动手打孩子的教育方式了。

父母的冷酷带给孩子的创伤要用长时间才能抚平。孩子本应得到宽容和爱护，如果父母更多地展示冷酷和严厉，那得到的可能不是坚强的士兵，而是更容易畏缩和放弃的孩子。

做朋友是贴心的

孩子的身心都需要呵护、滋养，他们从父母身上学会与社会交融，有了自己独立的人格。社会需要的是懂得用智慧解决困难和满怀爱与信心的一代，父母如果从小就教育孩子这样处理问题，那么孩子长大后便会形成习惯。

中国优秀的传统文化源远流长。然而也有"另一番解释"的传统文化，比如三纲五常中的三纲。但是又有多少父母至今不肯放弃自己的家长架子，一定要父为子纲，让儿子一定要遵从老子的，为了自己的威严从来不听孩子的建议和主张。孩子也有自己的想法，从意识角度来说是独立存在于社会中的、与成人不尽相同的一类群体。孩子与成人共同生活在一起，关系是平等的，只是相处的方式不同于成人。人们即使居住在人潮汹涌的都市，还是会有内心的孤独。朋友有如寒冬里的阳光、干旱时的雨露。孩子也是一个小群体，他们在成长过程中遇到困惑，孤单更是难免。只有父母，才能是孩子信赖的朋友和依靠。

在现代家庭这个小单位中，孩子只有设法与父母更亲密地融合在一起，才不会感觉孤独和无助。如果我们不能将孩子主动平等地纳入进来，那就是孤立了孩子。为了孩子的身心健康，让他们从小就拥有一个健康的心态，我们应该放低自己的姿态，与孩子做朋友。

父母不都是想了解孩子在想什么吗？那就敞开你的胸怀，坦诚地去和孩子做朋友，这样，孩子才会破除心中的防线，敞开心门，向父母传递自己的快乐、诉说自己的忧虑，向父母征询自己的疑问。心心相通，真诚相待，父母才能更了解孩子，从而更好地帮助孩子，孩子也会感激父母的理解，从而更尊敬父母。父母与孩子做朋友与中国五千年的礼教或许有些许相悖，却是社会进步的成果，我们越早在心理上改变父为子纲的意识，孩子们就越早能拥有本该属于他们的一片广阔天空。

我们和皮皮一直像朋友一样相处，他也与我们什么都聊，毫无隔阂。上学回来，我们会饶有兴趣地询问他在学校的情况，他总能绘声绘色地给我们讲述在学校里发生的各种趣事，惹得我们开怀大笑。我们也总是不失时机地关心他的学习和生活，在快乐的气氛中给他引入一点对学习或生活的思考。

皮皮在三年级的暑假时，对游戏的兴趣很浓，我很着急，强硬地限制了他的上网时间。很快我就发现这样行不通，更严重的问题出现了：他不再在我面前提上网的事，但却背着我偷偷上网玩游戏。我反思过后，还是决定走回老路，和他做知己。我不仅不再限制他玩游戏，而且还向他学习玩游戏。我们俩一起坐在电脑前，他边玩边给我讲解。他玩游戏水平高超时我就赞扬他，他水平落后时我就像个同龄朋友一样调侃他。我会不失时机地评论游戏的设计，对不理性、不现实、不科学的地方，我都不经意地发表自己的意见或感慨。

说者无意，听者有心。慢慢地，游戏的趣味性在孩子心中大大打了折扣。有一天，我问皮皮游戏玩到几级了，他告诉我玩到了七级，我故作失望状。他问我怎么了，我说这么简单的游戏你花了这么长时间才玩到七级，未免太逊了吧？皮皮听了我的话很懊丧地走开了，我想这时他对游戏的兴趣已经消退了不少。果然，连续很多天，我都没有听到他嚷着再去玩游戏了。

我通过了解他的心里所想，对游戏进行客观的评价，打赢了一场学习和游戏的争夺战，这就是知己知彼、百战不殆的成功运用吧。如果孩子不把我当作朋友，我就不会有那么多机会去了解他内心的想法，更不可能做到有效地去帮助他。孩子的成长和当今的教育诉求都需要父母和孩子成为朋友。

2. 孩子的自尊、自信犹如脊梁

　　父母说出贬损孩子的话往往是出于赌气的心情，但这些话对孩子的自尊、自信的打击却不可想象。为了孩子，请不要图一时痛快，不负责任地当着孩子的面泄愤。设身处地地为孩子考虑，让自己的言辞客观诚恳，给孩子多留一些进步的空间。

　　自尊和自信是人立世之本，很难想象一个人如果没有自尊和自信支撑，还能否昂首挺胸、步履轻盈地走好未来的人生长路。自尊和自信是一个人内心的脊梁，在现实生活中，孩子的自尊和自信常常被忽视。父母可以找各种理由贬损孩子，或是因为孩子骄傲自满，或是因为他的倔强任性，或是因为孩子成绩不理想，父母赌气责骂孩子时往往是气急败坏，所以言辞犀利，直指孩子的内心。怒气中的父母，你想做什么？想彻底击垮自己的孩子吗？如果为孩子好，那就管住自己的嘴，不要侵占孩子的自尊自信的空间，孩子才能勇敢地迎接未来的许多挑战。当有人衷心地为我们喝彩时，我们除了会有些许的羞赧，更多的是扬起自信的风帆，继续前行，别人的喝彩对一个人来说有如蜜糖，有如奖赏。我们做父母的，能对孩子不吝惜一切，自然也应该包括为孩子喝彩。为孩子喝彩，让他可以更加自信，才能扬起风帆，继续前行。

做孩子的好榜样

　　你可曾记得当孩子蹒跚学步、第一次自己吃饭、穿衣时，您曾给过他多少遍的鼓励？可当孩子慢慢长大，你对孩子的进步却越来越视而不见，满眼都是孩子的缺点。孩子仍然在成长的路途中蹒跚前进，而你是不是有些迫不及待了？别只将目光放在终点，要看到孩子的每一小步成长，并给孩子多多鼓励以及公正的评价吧！

孩子小时候父母总感觉很满足，总是不吝惜表扬孩子，而等孩子上学了，父母却总叹息孩子有很多缺点和不足。是孩子变得愚笨了吗？当然不是，孩子还是那个乖巧、懂事的好孩子，问题在于家长的心态改变了。

孩子在学龄前，父母只是盼望着孩子会说、会走、会跑，身体越来越强壮，这些都是父母最基本的愿望。这些愿望是合乎发展规律的，是孩子成长必经的过程，无关乎父母殷切的期望。父母收获的喜悦和满足正是生命赐予的。

当孩子到了上学的年龄，父母似乎越来越累，孩子也似乎越来越不听话，学习成绩总不能更上一层楼，父母开始吝惜表扬，随意批评孩子。其情可解，但其理不容。父母此时的期望和焦虑正是由于对孩子苛求过多引起的。孩子到了学龄，父母的思想开始偏颇了起来，不再以孩子的运动能力、活动能力等学习之外的所有能力为傲，而只将衡量孩子的尺度定位在学习成绩上，这对孩子来说是很不公平的。

首先，孩子的智力组成要素并不是单一的，思维力、观察力、记忆力、想象力等，都是孩子智力的组成要素，每个孩子各有所长，而学习成绩只反映孩子在不同阶段某种智力要素的发展状况。父母要知道，统一的教育体制是单一的，考试成绩只能说明在这种单一的教育体制下对某种智力因素的培养状况，不能据此来整体评价孩子。孩子的发展要遵循自然规律，如果一定要将他套进一个有限的框内，将会对孩子的心智发展造成不良的影响。

其次，父母总是忍不住去关心孩子的成绩排名，拿自己的孩子与别人的孩子比。成绩有好有坏，可是家长却总是在此时变得不可理喻，除了第一名，似乎其他的名次都不值得得到父母的鼓励。就像一个公司里虽然不都是经理，但每个员工对公司都有贡献，都值得鼓励。孩子只要尽力了，他的学习成绩不论处在什么名次都是值得鼓励和尊重的。以名次来评判孩子是将孩子故意推到明知队员实力有差距的起跑线上。明了过程却不接受结果，是自欺欺人的做法，害了孩子，苦了自己。

为什么不客观地看待孩子自身实际的进步？他在学校又多认了不少字，多学了不少知识，这不就是孩子的进步吗？记得昨日的孩子还是如何稚嫩，牙牙学语，如今却已经从不会拿笔到能够写几百字的作文，朗朗诵读长篇文字。从不会数数到会演算竖式，会将数学知识运用到其他的自然学科中，并能够继承和探索科学规律。从孩子自身的发展来看，孩子在不断进步，他的长进是值得你欣喜的。你也要发自内心地发现，孩子的确一直都不错！

皮皮每学期结束，我们都会对他本学期的表现做出评价。考试成绩只是其中的一部分，我们不会因为成绩的好坏和在班内的名次而予以表扬或批评。我们总是对成绩轻描淡写一下，略略点评，然后将视野转入整个学期的表现，为他总结整个学期取得的成果和进步，我们客观地将他的实实在在的收获摆在面前，然后给予肯定和夸赞。皮皮对此每每都流露出不可抑制的欣喜，我明白皮皮不只是为自己的收获欣喜，更是为有了公正的父母而欣喜。

我们最后会指点一些可以继续进步的地方，皮皮对这些蹦一蹦够得着的要求都很诚恳地接受。

这样，每次评价之后，皮皮像是注入了新的动力，他又能满怀信心地踏实前进了。

让孩子知道你对他的希望总比失望多得多

孩子难免因为贪玩或一时的错误惹怒家长，招致父母的失望或批评。然而，父母一时的消极情绪却会对孩子的影响很大，让孩子心中的阴影挥之不去。不当的言语对孩子影响深重，轻则自责，重则自弃。为了让孩子内心保有一片希望，应该经常让孩子知道，你对他的希望永远比失望多得多。

孩子仍在襁褓时，父母就已经对孩子的未来有若干憧憬，随着孩子的成长，父母对孩子的希望也越来越大，从希望身体好，到学习好，到考上好大学、将来从事好的行业。父母会以孩子的成绩与孩子未来的远景相比较，显然很多看似顽劣的行为和落后的成绩无法与头脑中想象的名牌大学骄子挂上钩。看不到希望的父母会经历一次又一次的失望和痛苦。于是以前希望的话语常在孩子耳边谆谆叮咛，而现在越来越多的失望和怒斥向孩子袭来，孩子以前看到的是自己未来美好的蓝图，而今只有惊恐和无奈。周而复始，父母对孩子的期望和失望成了一个难以跳出的轮回。这会导致无辜的孩子的彻底迷失，他不知道自己的未来到底是什么样，在他眼中，现在依然是现在，但未来似乎不是以前的未来。当父母陷入这个心理上的纠结不能自拔时，请不要殃及孩子，不要被自己曾经梦想的绝美的蓝图压垮了自身，又让孩子丢失了希望。

父母对孩子的希望永远比失望多得多，失望永远无法打败希望，因为孩子本身就是希望的化身！父母可以扪心自问，谁又真的在乎希望的蓝图到底能不能实现呢？只要孩子懂得尽力而为，我们做父母的就会欣慰。将你心中最真实的一面经常展示给孩子，让孩子知道，父母永不放弃对他的希望，父母的希望莫过于他早日成为一个有能力、自强自立的人。将他未来的蓝图交给他自己描画。他的点滴进步都是在实现父母的希望，都是在为自己的未来画上多彩的一笔。这样，无论何时父母都可以更多地看到希望而不是失望，孩子也能感受到父母更多的关爱。

皮皮上学后，很长一段时间我都没有与老师交流他的学习情况。但从皮皮口中我了解到，他们班有一个孩子学习很棒，成绩遥遥领先。我问皮皮他的学习成绩估计能在班上排多少名，皮皮总是告诉我，除了那个第一的孩子他就算不错了。我也一直信以为真，认为他在班上的成绩能排到第二或第三的。

有一天，我对皮皮说我准备问问老师他的学习情况。孩子似乎感到很窘迫，不情愿地告诉我，他的实际成绩可能在班上属于中游。我当时很失望，不是因为成绩，而是孩子的不坦诚。但是，痛定思痛，我想是不是我过分表露对孩子好成绩的期望，孩子才会做出这样不诚实的举动。孩子也是很尴尬和羞怯的，他的年龄让他没有提早意识到这种谎言造成的后果，他惶恐地等待来自我的责骂。

　　平静下来后，我告诉皮皮，我的确感到失望，因为他没有将真实的情况告诉我，我希望他以后能做到将他认为真实的话说出来。对于学习的名次，我没有再提起，但是我告诉他，我相信他的学习会逐渐进步，不管现在是什么情况。孩子努力地点头，我想他这次能更准确地感受我对他的希望。失望虽有，但他的妈妈不会因此放弃任何对他的希望。

　　是的，只要孩子的成长还在继续，父母对孩子的希望就不会停止。

3.　学习不是可怕的，玩耍是必要的

学习是持久而渐进的过程，是了解社会和探索自然的过程，学习应该是神圣的；玩耍是劳逸结合中的逸，会玩耍才能体味更多人生五味，它应该是身在俗世所能体味到的逸趣。雅俗结合，方能成就完美的人格和健康的身心。不要把学习看得太恐怖，也不要把玩耍看成是必需，父母对待学习和玩耍都要有一颗平常心。

学习这个字眼，在人类历史长河中历经几千年，也被不同的时代赋予过迥然不同的意义。从诸子百家到焚书坑儒，从四书五经到百日维新，从"文化革命"到尊师重教，学习都是推动社会进步的主要力量。随时代而颠簸的人们永远或主动或被动地追风逐浪，学习成了父母眼中促使孩子出人头地的重要手段。学习一旦变成了谋取利益的手段，就要有人成为牺牲品。孩子的童年本应该享受更多的快乐和幸福，可是在父母眼中，孩子学习好似乎在任何时候都应该是理所当然的。乱世时，孩子苦，苦衣食住行；盛世时，孩子亦苦，苦如何在莘莘学子中胜出。虽然时代进步情况不同，但哪个父母心中不还在默念那句："万般皆下品，唯有读书高"？家长们，请正确地对待孩子的学习和玩耍，孩子学习不是为了过独木桥，玩耍更不是孩子前进路上的拦路虎。

父母把孩子心中学习的形象破坏了

当孩子睁开双眼望着世界时，充满了好奇和新鲜，在父母的帮助下，孩子通过学习很多知识来适应周围的环境，最终得以自立。孩子有自我发展的潜能和意识，也有自我学习的能力。

学习对于孩子本来不是一个特定的动词，而是一个自然而然的过程。就像大自然的生物，它们不懂得学习是什么，但这毫不妨碍它们在自然界中生息繁衍。而人类比其他生物高明之处在于，人类基于具体的发展活动、生存本能而概括创造了学习这个字眼，难怪很多父母都自然地将学习与生存联系起来，总是很决绝地告诉孩子，不学习将来没有饭吃！仿佛孩子今天不抱紧书本，明天手中就没有饭碗。虽然现在不是每个家庭都很富裕，但是丰衣足食基本都没问题，现在的孩子听都没听说过谁家吃不饱饭，恨不得找机会尝尝父母说的小时候饿肚子的滋味。如果说有人画饼充饥，那父母的这种恐吓只不过是把画在纸上的明日之饼擦掉罢了，对孩子的积极影响微乎其微。

其实，父母口中的学习是狭义的学习，仅限于学校、书本，仅用于应对各种考试。的确，现行的教育选拔制度是非常广泛而深刻地影响着整个社会，它让付出了艰苦努力的莘莘学子更有回报，比较公平地分配社会资源，也为国家筛选各行各业的人才，当然也通过普及教育提高全民的素养，我想这就是狭义学习的作用了。狭义的学习对个人来说很重要，如果狭义的学习差强人意，造成的结果更可能是自我价值的缩小和对外界适应能力的降低。广义的学习，除了包括狭义的学习，就是如自然界中一切生物一样，可以由本能驱使，由环境影响而不知不觉地、主动地获得独立生存的能力。现在，父母无论如何也不肯在生活上委屈了孩子，以为把孩子照顾得妥妥帖帖就是对孩子好，其实我们剥夺了许多孩子进行广义学习的机会。如果我们真的怕孩子将来没饭吃，就应该让孩子多进行生活的实践，而不是偏颇地让孩子把狭义学习当成立命之本。正如刚才所说，狭义的学习是为提升自身对于社会的价值，每个人都认真地对待学习是自身进步、社会发展的重要环节，学习是每个人的职责，是带着使命的光环的，而不是像许多父母描述的与吃穿用度紧密关联。只有正确认识了事物，才会用正确的态度去对待，才有信心去征服它。父母想用与现实不符的假设做一个紧箍咒，套在孩子头上，只会增加孩子对学习的恐惧，让学习变成无奈的苦差。

我听说过一个家在农村的女孩的学习经历。

这个女孩从小就是老师眼中的好学生，学习一向认真努力，高中之前的成绩也一直不错。可是上了高中后，父母和老师对她施加了更大的压力，学习成了比天还大的事情，如果考不上大学天会塌下来。

学校里每个月都按学习成绩安排座位，老师时常请父母来开家长会，父母看到自己的孩子坐在哪里，就知道了孩子的成绩如何。这个女生将学习不好的后果无限放大地想象，加上班主任老师每日对同学们恨铁不成钢的批评指责，这个女生的压力越来越大，学习变成了她心头不可承受之重。

学习不好，考不上大学，似乎就没有其他的路可走，不上大学就走上社会似乎是很恐怖的事情。这个孩子渐渐不能忍受学习上的差错，不能正视自己的学习成绩，长期的高度紧张终于将她压垮了，后来她只要一思考就头疼，成了一名重度的神经衰弱患者，她百般求医不得，最后不得不辍学回家。

与其说这个女孩被沉重的学习压垮了，不如说她是被父母和老师给吓垮了。如果没有父母和老师对学习的夸张形容，这个女孩会一如既往地尽力而为，顺利地考上大学，即便没有考上大学，她也会坦然地走上社会，尽情绽放她的青春。她却受到了意外的伤害，不知道她在未来的路上还能不能有坚强的信念战胜她遇到的困难。

不要把孩子的玩耍形容得太可怕

有的父母恨不得孩子每天都抱着书本坐在书桌前，即使孩子学得太累了需要休息一会儿放松一下，父母也只是课间休息一样花十分钟的时间让孩子来休息放松，直到孩子又回到书桌前，父母的心才能重新踏实下来。这些父母认为玩耍似乎是孩子成才过程中不必要的，甚至是孩子学习的绊脚石。其实，学习和玩耍并不是对立的，玩耍也属于广义学习的范畴。玩耍能够调动孩子全身的活动，既用手又用脑，既调动感官又运动四肢，既能学习与人交流又能体验与人相处的乐趣，这不是有利于孩子全身心的健康吗？除了玩耍，还有什么能带给孩子这样全面的成长机会？

孩子越大，父母就越对孩子的玩儿耿耿于怀，究其原因，首当其冲是孩子的学习压力越来越大，不仅课程越来越多，为了应对升学竞争的压力，还要被迫学习很多课外的知识，玩耍似乎更是一种奢望了。其次父母害怕孩子会因为玩耍而忘记了学习。

现在的孩子，玩耍的东西和花样并不如父母小时候那么多。现在的孩子没有条件组织集体游戏，只好闷声不响地独自消遣或上网玩游戏来寻找一些乐趣。我们所知道的玩网络游戏的负面影响远大于正面的：一方面广大的媒体铺天盖地的游戏广告，为吸引玩家无所不用其能；而另一面，又有大量的游戏和网络引发的负面事件经常见诸媒体。除了游戏公司发展壮大受益匪浅外，却罕见消费者因游戏而受益的消息。导致父母很担心孩子一旦接近游戏，必不能全身而退。可以理解，父母多害怕尚未成熟的孩子被游戏耽误了青春和学业，恐惧和无奈让父母谈游戏色变。

父母的担心不无道理，但是，担心却阻止不了游戏对孩子的诱惑和孩子对于游戏的渴望。只有对孩子晓之以理，然后让孩子慢慢地学会自己辨别游戏的利弊，学会自己思考，学会自我保护，才有可能让孩子既拓宽了眼界，又不会受负面影响。就像刚懂事的孩子，如果一个陌生人每天给他糖吃，每天给他玩具诱惑他，如果他妈妈认真地告诉过他那个人是一个坏人，即使孩子接受了糖和玩具，也会对这个人保留戒备之心，与这个人保持距离。孩子像成人一样，更有冒险的精神，但并不意味着他们不知道危险，他们只不过是向往一见险处的佳境。父母要以理解的心情去宽容孩子们一时的好奇心。孩子是未来的主人，未来的时代属于他们，如何去开拓未来掌握在他们手中。而孩子偶尔与网络的接触与运用，不正是与新时代接轨时的触点之一吗？对于孩子的玩耍，父母若表现得大惊小怪，或加以呵斥，只能增加孩子对管教的反感，而更加向往游戏的自由和放松。

不管孩子玩什么，父母都要以平常心对待，以细致入微的心态观察，以舌淡随意的话语与孩子交流自己的想法和建议，我想孩子从内心会认真考虑父母的话，从而影响他的行为。这何尝不是将识别好坏、主动选择的权力交给孩子？让孩子既有自主的感觉又有对自己负责的意识。只有让孩子感受到现实世界中更有温情和爱，更具挑战，才能使他的心灵向往阳光向上的生活，孩子才能在游戏中乐而知返。

引导孩子多进行户外运动、集体活动，多进行体育锻炼，给孩子提供更多更有意思的建议和提供必要的玩耍条件是父母应该以为己任的。

皮皮小的时候，我们搬过一次家，刚到新的小区，小朋友比较少。皮皮每次出去都碰不到小朋友，这样几次以后，皮皮就不肯再出去玩了。大概有半年多以后，我们发现孩子太不爱运动了，整天自己在家里画画儿，翻书，皮皮爸爸希望孩子多运动，于是就总强迫他出去玩，而我也教给他如何与小朋友约好时间一起玩，还主动帮他联系小朋友。

慢慢地，皮皮开始喜欢出门玩了，虽然偶尔也上网玩游戏，但时间很有限，在他眼中，打游戏并不比出去踢足球的乐趣更多。

如今，小区里大大小小的孩子都是他的朋友，一到周末，小伙伴们成群结队，前呼后拥，每天都玩儿得尽兴而归，由此他也懂得了很多待人接物的道理。

跟玩耍的功劳分不开的是，皮皮的体育成绩总是优秀。玩耍已经让他从一个不苟言笑的小宅男变成了幽默潇洒的追风少年。

让孩子玩耍，是让孩子逐步接触社会，不让孩子玩耍，是让孩子与社会隔绝。孩子一朝学成，终究要迈入社会，当面对社会中错综复杂的人和事时，如果缺少了"玩儿在江湖"的经历，他会感到无所适从，可能还要花很长时间适应，不仅折损了他这么多年苦学得来的骄傲，还可能打击他高歌猛进的信心。虽然在人生中，高考是一个里程碑，父母希望在这里程碑之前，孩子尽量少玩耍，但孩子的成长没有里程碑，他每日每时都在成长，都在积蓄，孩子长身体时，除了给他充足的营养，还要给他充足的时间去学习和成长，让他各项功能全面发展，互相促进，给孩子一片更广阔的天空。

4. 家长们，你们今天学习了吗

我们教育孩子时，总是说山外青山楼外楼，更有他人高一筹，劝勉孩子要勇于攀登，不要安于现状。其实当我们观察孩子时，孩子也在关注我们，他们何时不也在观察他的父母有没有在攀登楼外楼、山外山呢？不要等他来反问我们："家长们，你们今天学习了吗？"让我们现在就拿起书本，做孩子的同学吧。

孩子希望父母是自己的朋友、榜样、需要超越的标杆。但父母为什么从不注意自己在业余时间的学习？以为已经功成名就了吗？孩子日渐长大，我们做父母的也时常感到小有成就：随着年龄越来越大，事业稳定了下来，孩子已经从幼苗长成茁壮的小树。我们不由地松了一口气，每日沉浸在一种安逸自足的情绪之中，再也没有了初入社会时的争先恐后的劲头，也不见了业余充电补习的镜头。我们认为自己可以享受人生了，所想的只是如何创造更惬意的生活。这种慵懒的情绪会毫无遮拦进入孩子的双眼和头脑，孩子或许没有理由也作安于现状的打算，但是现实摆在面前的似乎只有这一个选择。当父母怒不可遏地责问孩子为什么不知进取，安于现状时，孩子心中可能在说：这样不是很好吗？因为父母的实际行动告诉了他们，这样的生活方式是值得满足的。父母的行为深刻地影响着孩子，当父母观察孩子时，孩子也在关注父母，当父母警示孩子山外有山、天外有天时，孩子也在思索自己的父母攀登到了绵延山脉中的哪一峰，是不是还在攀登。父母对孩子拿他们相比较感到懊恼，甚至认为孩子是无理挑衅。其实，孩子真的想得不对吗？父母真的不用学习了吗？

活到老，学到老

父母往往认为自己已经人到中年、事业有成了，就不需要学习了，只逼迫孩子学习。那孩子是不是学有所得时，也有理由可以不学习了呢？但父母肯定会对孩子说：不要为不学习找理由，活到老学到老是一成不变的古训。父母的亲自践行更能让孩子把学习当作一种责任、一种习惯。

人类的高智商创造了无数的词语来描述所有的人类生存活动，其中包括了"学习"二字。这两个字高度概括了人一生要从外界不断地汲取知识和力量，我们每一步成长都是学习的结果，比如讲礼貌、负责任、尊老爱幼，等等。学习是我们从幼年至老年每个阶段适应世界的前提和改造世界的力量源泉。即使不上学，我们也离不开学习和教育。学校是社会发展的产物，是人类文明的成果，有了学校，人类能更好更快地学习主流的自然科学，但是以学校为代表的学习并不是全面的学习，以这种学习为主的教育也并不是全部的教育。出了校门，还有更多需要我们学习思考的东西。

学校除了教会我们认识世界的基本技能，重要的是还教会了我们如何学习。科技的进步不断应用到我们的工作和生活中，通过不断的学习而掌握得越多，就越能帮助我们提高工作能力和对生活的感悟。如果我们放弃学习，固守成规，那我们的活力和能力就会随着年龄的增长而减退。

而现在，人们更关注的是生活中的物质得失，你不觉得再多的物质也不能将你的心填满吗？这是我们远离了学习的结果。我们每天所追求的实实在在的物质需求，带给我们的只是短暂的快乐，无法构成自身快乐的源泉。将高度发达的神经系统系于物质的得失，是对自身发展的牵绊，是对造物的亵渎，是甘为物质的奴隶的结果。物质是为人类服务的，人不应该为物质而苟且。作为父母，我们之所以故步自封，远离学习，恐怕就是因为有了物质的基础。但拥有再丰厚的物质也仅说明我们作为社会的一员比别人多占有了一些资源而已，不要忘记我们更要懂得不断地完善和发展自己，那是没有止境的，也是人类追求的最高境界。而学习的本质是汲取人类文明的精华，直达我们的中枢，让我们的神经经受客观、本真的思索锻炼，从而净化和升华我们的思想，引领我们的生活拥有更多精神层面的内容，让我们的头脑和心灵各个角落都有充实的感觉，就像一盏烛光能以它的光芒充填空荡的屋子一样。活到老，学到老，堪为人类最响亮明智的口号，父母把学习当作一种滋养、一种习惯、一种骄傲，孩子还怎么会拒绝学习呢？

与楼区其他的孩子相比，皮皮似乎已经显得"聪明过人"了。由于我和他爸爸在皮皮很小的时候就为他开办了家庭启蒙课，所以，皮皮属于接受教育较早的孩子，和同伴们相处的时候，皮皮发现自己懂的很多知识都是小朋友们所不知道的。他们不知道雷电是由天空中带正电和负电的云彩摩擦、撞击所形成的；他们也不知道"hero（英雄）"这个英文单词的写法和意义；甚至两位数以上的数学题他们就需要掰着指头、绞尽脑汁地去想了。

这一切让皮皮感到很骄傲，自己居然比其他小朋友多知道这么多，虽然在同一个年级，但是皮皮足够当他们的老师了。

老师讲课的内容，是要照顾到其他小朋友的，不可能只为了皮皮把教学进度加快。所以，老师们在课堂上反复讲解的内容，可能是我在家里已经教过皮皮的。皮皮觉得自己已经无所不知、无所不能了，听课也变得不那么专心。这种优越心理甚至让皮皮都不怎么把老师的教诲放在心里。

得知这一情况后，我开始对皮皮讲述一些名人毕生都在不断学习的事迹，对他进行说服教育。告诉他生命是有限的，知识却是无限的，我们应该抓紧时间，学习到更多的知识。

"可是老师教的那些都是我早已经学会的，没有必要再听了。"皮皮为自己辩解道。

"那么，你考试的时候拿到一百分了吗？"我问他。

"呃，没有。"皮皮说。

"这就说明你还有遗漏的知识没有学会，老师讲得比妈妈讲得要深刻得多，你已经听过妈妈讲，并不代表你就学会了老师讲的全部内容，不妨再认真听老师讲一遍，看看有什么知识点是妈妈没有讲到的，而妈妈已经讲到的那些就当是温习了，这样好不好？"

"好的。"皮皮说。

自此以后，皮皮戒除了之前的浮躁心理，开始专心致志地上课，所有的知识点，他几乎都能无所遗漏地学到，为将来的学习打下了坚实的基础。而且，随着学习的逐步开展和深入，皮皮发现，知识真的是一座发掘不完的大宝库，值得他用一生的时间去学习、去研究。

父母也要接受达标测验

学习不是简单地泛泛而谈，而是要一步一个脚印，踏实是成败的关键。在学习面前，父母也要接受孩子的检验，努力做好让孩子可以参照的样板。

孩子与父母朝夕相处，父母的言行是孩子最容易效仿的。所以如果父母想要帮助孩子认识到哪件事该做、怎样去做，那么首先自己就要去按照正确的方法做正确的事。

学校的一次次考试是检验孩子学习效果的关口，学习本是一个过程，完成了一个阶段的学习，要通过考试这个关口的检验，这让本来就枯燥的学习增加了层层困难。孩子对学习的畏惧，往往来自于真刀实枪的考试。父母既然下了决心与孩子同学习同进步，也应该与孩子面对同等的挑战，并在迎接挑战时体现出勇敢、机智、充满自信的一面。告诉孩子你眼前阶段的学习计划，让孩子和你一起制订考核目标，让孩子感觉到目标即使对你这个成年人，也是有压力的。这时，你可以将你的学习方法、你的时间计划，将你认为面对挑战时的心态先展现给孩子看。当孩子为你担忧，为你加油，并看着你想方设法地努力，直到冲过关隘时，心中便有了榜样，有了自己努力的方向。通过类似完整过程的不断重复，孩子就知道了在学习的过程中应该是有计划性、目的性、规律性地去实施，知道了如何通过有效的努力得到有效的结果，而不是对"努力"二字感到茫然，对考试不知所措。父母以自己的亲身演示告诉孩子学习二字不是简单的泛泛而谈，而是要一步一个脚印地去努力。这踏实的一步步是成败的关键。父母要付出认真和辛苦，接受孩子的检验，认真地对待学习，在学习面前，做孩子的平等而可参照的样板。

有一段时间，为了让皮皮能够轻松应付剑桥三级的考试，我指导他提前将书中涉及的单词背熟。不可否认，背单词是相当枯燥的。皮皮往往在背单词的时候唉声叹气，我看在眼里急在心上。我知道，这种事情即使是让一个成年人也很难投入地做下去，更何况是一个爱动爱玩的孩子。

我帮助他在网上咨询到了最好的背单词的规律和方法，然后让他试着应用，希望能让他轻松一些。可是，效果好像并不好，背单词成了他有生以来遇到的最枯燥而不想做的事。我不知道怎样能够让他集中快速地沉静下来，学会做一件这样的枯燥事，但我知道，这是他必须做的。作为母亲，我想我应该以身作则，以直观生动的形象让他知道单词应该怎样背。于是，我提出要和他一起背单词。他很吃惊我愿意来做这样一件苦差，但还是很积极地为我找单词书，和我一起制订我的计划，测试时间和达标标准，一如我为他制订计划时一样。

一切就绪，在皮皮的监督下，我开始了我为期10天的攻坚战。对于陌生的英语单词，的确有点看天书的感觉，但为了给孩子示范，我一定要背过40页，大概400个单词，然后去接受孩子的检验。除去干家务，我业余时间就坐在书桌前背单词。我将我给皮皮介绍的方法切实使用到我的学习中，皮皮也非常关注我的学习进程，他看我在那里安稳静坐，极其认真，又怕我累着，总想为我减轻一些负担，要么主动提出减少我的任务，要么跟我说放松些测试标准，而我都微笑着拒绝，我告诉他我多学习对自己是有好处的，虽然困难，但我会尽力去做，不用特殊照顾。

在这过程中，我有意将我的学习方法和成果联系起来，让皮皮认识到，要背好单词，首先要静下心来，学习需要一种安静、不为外物所扰的态度；再就是"不积跬步，无以至千里"的状态，背单词不能心急，一点一滴地积累是英语单词记忆的特点。最后，要利用好的学习方法，才能准确有效，事半功倍。十天过云了，我终于顺利通过了皮皮对我进行的测试，而皮皮也从我身上深刻地认识到有关学习的态度。

与孩子同背单词，同受检测，让我对孩子的学习方法进行了有效的验证，并将方法和效果生动地展示给孩子，帮助孩子找到了一条正确的道路。更重要的是，孩子从中懂得了父母对他负责，增加了他对父母的信任和克服学习困难的动力。

第二章 璞玉待琢，父母如何练就天工巧手

1. 父母的软硬兼施为什么都不管用

　　父母从不会放弃寻找可以点石成金的魔棒，就像被它点中的孩子都将爱上学习一样。但是，在这个精神信仰被低估的时代，我们要么用金钱一味地满足孩子的物质需求，要么对孩子进行强制性的逼迫和压制，事实证明，我们找到的都是木棒，屡试屡败，拙劣的表演让父母无地自容。

　　每个孩子都是一块好材料，但最终并不都能物尽其用。父母手捧着未琢的璞玉，却并不是都有老玉匠的妙手仁心，能够因材施教，让孩子人尽其才。但父母的可贵之处在于，他们从来没有放弃寻找点石成金的魔棒。

　　可惜有的父母在对待孩子教育时往往手足无措，只懂得笨拙地使用很实质的两样东西：金钱和强权。他们认为这两样东西在现实世界最是所向无敌，而且这两样东西恰恰是他们拥有而孩子没有的。有的父母用简单的思想来看待孩子的教育问题，这本身就是错误的，如果用如此简单低级的方法和手段来进行孩子的教育，那更是可悲的。孩子心灵的世界是不具有任何现实的钱权色彩的，他们的行为只受控于他们内心的兴趣。父母想引导孩子的兴趣，这本没有错，但是如果以物质激励或身心惩罚作为工具，那就会误导孩子，让孩子更加找不到前进的方向。

物质激励能带来什么

　　有的父母以为物质奖励对孩子是最有效的，岂知孩子根本不会乖乖就范，物质刺激不仅是家长自欺欺人，也是对孩子不负责的一种方式。

　　为了让孩子爱上学习，您都许诺给孩子什么奖励？玩具？好吃的？名牌衣服？甚至是游戏卡？父母都希望孩子爱上学习，主动学习。父母也知道孩子不会莫名就喜欢学习，于是就采取威逼利诱的手法。在讲究人权、崇尚个性的今天，威逼的手段是被鄙弃的，会招致群起而攻之。于是父母似乎只有靠"利诱"这根救命的稻草了。循循善诱，各尽其能，提供鲜衣美食的奖励，许诺四处游玩，父母像手握一把青草的牧羊人，焦急而又无奈地想将羊儿引入近在咫尺的羊圈。

然而现在的孩子身处的环境已不是为生存而竞争的年代，他们的身边有他们生存所需要的一切条件，不需要他们通过艰苦的努力去争取，父母如果只靠奖励让孩子学习，那就要提供孩子感兴趣的、足够吸引孩子的奖励才能调动孩子的学习积极性。随着孩子学业难度加大，父母的奖励也只能水涨船高。奖励或许曾让孩子顺利地写完了作业，奖励或许曾让孩子拿回了若干次好成绩，但是我们在迈出给孩子奖励的下一步时，内心依然纠结，父母似乎永远也没办法让孩子改变对学习的态度。父母的奖励越来越昂贵，可效果似乎越来越微小。

吸引孩子学习靠奖励的行为，除了拉动了内需增长，对社会经济贡献了一臂之力外，看不出其他益处。奖励还容易误导孩子将来的社会行为，孩子有可能认为所有的付出理所当然都要有物质的回报。过多的奖励甚至会误导孩子对自己的行为价值过高估量，社会一旦给予他的回报与他期望的有差距，他就会感到心理失衡。其实每个人长大后更多地是担当起自己的责任，而鲜有外在的奖励，而且往往要习惯付出大于回报的现实。

学习是艰苦的劳动。即使我们早已远离学校，远离记忆中的寒窗，即使我们丰衣足食地享有每一天，但我们也不得不感慨，在现实教育的体制下，学习依然是一项艰苦的、持久的攻坚战，"十年寒窗苦"的定义亘古未变。我们的孩子，一直在温室里受到呵护的孩子，让他独自寒窗苦读十年之久，让他心甘情愿、持之以恒，只靠奖励你认为行吗？你能提供多大的物质奖励让一个人愿意花十年工夫自甘寂寞，孤军奋战，只为备战人生中一次重要的考试？换作你，你愿意为奖励而一往无前吗？你的选择正是孩子的选择，所以不必再叹息不如所愿，叹息你金钱的付出没有得到成正比的回报。无论对于谁来说，短暂的享乐刺激相比十年如一日的坚持学习只能如过眼的浮云。

我想对家长们大声呼喊的是，别再小瞧我们的孩子了！他们是有高智商和情商的孩子，是家庭乃至国家未来的栋梁！不要用对待海洋馆里的海豚的方式，不停地扔小鱼去诱使它们表演了。孩子也必须在人生的舞台上翩然起舞，但支撑他们，给予他们力量的应该是父母正确的引导。用物质享受去收买孩子，那只会玷污孩子纯洁的灵魂。

我们对皮皮的教育在他三四岁就以讲道理为主了。而且，他年龄大一些，我们就有意地让他对物质疏远，他每长大一两岁，我们都会记得将他的玩具清理一次，将已经不适合他年龄的玩具清除出去，而且在为他添置新玩具上非常慎重，只选择真正有益于他身心成长的玩具。

家中他的玩具逐年在减少，到了三四年级，家中已经鲜见玩具这东西了，取而代之的是越买越多的书籍，涉及科学、史地、文学各个种类，我们总是隔一段时间就和他一起挑选，为书架补充一些书籍。由于玩具很少，皮皮业余时间不得不将目光逐渐转向书籍，当他看的书越来越多时，他已经能感受到书对他的吸引力不逊于玩具了。

不论对成人还是孩子来说，在物质淡出他的眼界时，他才能够让精神财富成为他追求的主流。父母可以主动地、刻意地让孩子远离物质的诱惑，尝试让书籍带给孩子更有价值的精神财富，可能是一种最好的激励。

惩罚为什么会适得其反

谁都有犯错的时候，当面对错误时，重要的是认识与改正，而惩罚却让孩子将主动认识错误与改正错误的重要性放在一边，被动地接受惩罚。好像孩子正在成长道路上快乐地前进时，半路被无故地抽了一鞭子，让孩子驻足惊恐。如果问惩罚让孩子学会了什么，只有两个字"害怕"。

很少有孩子没有受过父母的惩罚，我们做父母的又何尝不是依稀记得小时候被惩罚的情景。我们的确因为曾经的严厉惩罚而加深了对错误的认识，然而假如没有那次惩罚，错误便无法消解吗？显然不是这样的，如果将惩罚换为明白的道理讲给我们听，我们终究还是会懂得。孩提时受到的责骂惩罚让我们不仅记住了曾经犯过的错误，更记住了失败和压抑的感觉。每一次的严厉责罚似乎是成长过程中遭受的一次次灰头土脸的败仗，使得较为平坦的成长途中略有磕磕绊绊的感觉。我们成人后都不断忆起这些磕绊，得意于自己当时的斗智斗勇，但也仍在揣摩着来自父母的惩罚是否对自己起了完全正面的作用。

每个小孩子天生都会努力，不管是错是对，他会为成长中的每一件事而努力，就像孩子小时候为了自己的目的而放声大哭一样。孩子由内心的需要的努力是自然而不遗余力的，父母要做的是了解孩子的内心需要。惩罚不能改变孩子的内心，惩罚的结果或许让孩子被迫改变了行为方式，然而试图让孩子为免于惩罚而努力却是一种妄想。发射如果没有原动力，怎么可能击中目标呢？

父母对孩子的惩罚目的无外乎让孩子认识错误、改正错误。其实，父母的一个眼神、一句意味深长的话语已经能够让聪明的孩子意识到自己的错误。孩子会产生愧疚，这已经是孩子一种失败的体验了，随之而来的是改正的决心。疾风暴雨般的惩罚只能让孩子的内心产生更强烈的抗拒，忘记了事情的起因，集中精力应付惩罚，反而让孩子本有些自责的心变得坦然。

皮皮不是没有犯错的时候，他从小到大，都是一个大错不犯、小错不断的孩子。由于调皮捣蛋，皮皮在踢足球的时候，曾经和小朋友们约定，谁能踢中足球场旁边门卫的窗户，其他人就要尊称他一声"大哥"，并凑钱请他吃一块巧克力。

孩子们之所以要约定去踢破门卫的窗户，是有一定的原因的。那个在篮球场边执勤的门卫是一个脾气暴躁的人，经常大嗓门地训斥凑在他窗前看热闹的孩子们。于是，孩子们心里便琢磨着怎么捉弄一下他。借着踢足球的名目，孩子们打上了门卫窗户的主意。

这一堆可爱又可气的孩子实在让人头疼，尤其是我家皮皮，在这场比赛中，皮皮发挥"神勇"，只一个凌空抽射，就正中门卫的窗子，玻璃应声碎了一地。

门卫正在屋外巡查，听到窗子玻璃破碎的声音，很快就找到了这个肇事者，他怒气冲冲地朝着足球场跑过来。看到皮皮闯了祸，其他小朋友们早忘了先前的约定，什么"大哥"，什么"巧克力"，他们早就抛诸脑后了，只一心想着怎么逃脱门卫的惩罚。

门卫带着皮皮敲响了我们家的门，将事情的经过告诉了我。我连连对门卫道歉，并承诺花钱给他重新装玻璃。

没想到，门卫看起来好像凶神恶煞，骨子里却是很有爱心和同情心的人，他并没有太过责怪皮皮的行为，反而自嘲地说，自己平时太凶恶了，小朋友们一直都不怎么喜欢他。

听到这话，我心中更是内疚，当着门卫的面，我并没有惩罚皮皮，而是告诉他，门卫叔叔之所以看起来凶恶，是他的职责所在，他要保卫小区的安全，就要让大家感到他的威严，如果他每天和和气气的，怎么能震慑那些破坏分子呢？而且，皮皮无论如何也不该采取报复的方式，让别人的财产甚至生命受到危害，如果你踢的球砸到了门卫叔叔，那该怎么办啊？

听到我的这些话，皮皮意识到自己所犯的错误，羞愧地低下头，并向门卫道歉，保证自己一定不再这样做了。

门卫反而不好意思起来，他呵呵地笑着说："没关系，只是坏掉了一扇窗子，我自己找时间装上就好了，只要您家皮皮以后改掉这个淘气的毛病就好了。而且，顺便说一句，皮皮的球技真不错，跟我小时候有一拼！"

有人说，事情往往做得多才错得多，只有做了，才有出错的机会。孩子也是这样，随着年龄的增长，需要他做的事情、学的知识也越来越多，他做得多肯定也容易多出错，如果惩罚总是不期而至，孩子为了减少被惩罚，会尽量少去做可能出错的一切事情。对惩罚的害怕会让他裹足不前，不愿意去做带有冒险和探索的事情。

正因为成人社会广泛地存在惩罚，比如刑法对犯罪的人的惩罚，比如自然灾害对生态破坏的惩罚，让人们意识到惩罚是让人意识到自己错误并不再将错误进行下去的有效方法。然而，成人世界的惩罚是由于某种不符合自然规律或违反社会准则的不当行为而直接导致的结果，是对愚蠢行为造成了较大损失和后果时不得已而为之的手段和现象，它并不适用于孩子。孩子在成长道路上摸索前进是正常现象，符合自然规律，正因为如此，我们成人才有监护的责任。孩子的蹒跚前行首先需要的是父母的平常心，宽容而淡定地对待孩子的错误。其次是父母真正有力的帮扶，父母应该引导孩子回到正确的轨道上。要让孩子知道，这世界处处都有一双随时准备伸出来帮他一把的手，而不是处处都有严厉的惩罚。

惩罚在这个时代不能成为主流。孩子生在这个物质相对来说比较富足的时代，父母都在吃穿用度方面尽力照顾孩子。孩子在成长过程中基本上一路顺风顺水，体会着父母给他们的关爱。过于严厉的惩罚给孩子的感受是失去往日之爱，而给父母的感受同样是非常痛苦的，就像作用力与反作用力，作用于父母身上是失去理智的失望。这些不良的做法如果不及时改善，会形成一种习惯性的情绪，如山一般阻隔在父母与孩子中间。在惩罚下长大的孩子，是压抑着长大的孩子，孩子内心会有自卑的阴影，这会让孩子无法真正快乐地成长。

2. 为孩子寻找学习的振奋剂

我们的孩子必须学习，只有让孩子爱上学习，孩子才能减轻痛苦，一飞冲天，我们怎样才能帮上忙？

孩子的学习历程漫长而艰难，对于天性自由而随意的孩子来说，能坚持到最后的确是不容易的事情。父母无奈地放弃了无效的物质激励和监督惩罚之后，似乎更加无助了，对如何鼓舞孩子持之以恒的学习心有余而力不足。

孩子也要有精神追求

孩子不能靠物质刺激，不能靠惩罚激励，那靠什么？靠精神的追求！放眼世界，精神的激励是近现代人类社会发展的有力支撑。革命者、发明家、科技工作者，那些促使社会飞速发展的人物有哪个是受了物质激励才成功的？他们战胜一切困难、艰苦奋斗的勇气来自哪里？只有精神、信仰和责任让他们屹立不倒。我们的孩子，在面对十年寒窗苦时，何尝不期冀强大的精神支撑，给他足够的理由去奋斗。只是他们还小，在不清楚自己到底想要什么时已然迷失在父母和社会放出的各式烟幕弹中。

我发现皮皮是一个很敏感且骄傲的孩子，他很注意自己在别人眼里尤其是在我和他爸爸心目中的形象。如果自己学习不努力，没有拿到理想中的成绩的时候，皮皮会感到很愧疚，觉得自己丢了颜面，自尊心受到了很大的伤害，所以，他总是让自己保持一个良好的学习势头，不落人后。

开始的时候，我对皮皮的这一脾气秉性还有几分担心，觉得一个小孩子应该是心境开阔的，不应该计较"脸面"之类的东西，后来我看到他的自尊心非但不会成为皮皮的心理负担，反而会成为皮皮学习的动力，促使他成长和进步。

每当有人夸奖皮皮聪明勤奋的时候，皮皮都会喜上眉梢，但是事情过后，皮皮也就忘了，不会让自己产生自满情绪，但是他已经将这种鼓励和夸奖当作自己学习的动力。有时候，家里来了客人，我会让皮皮暂时放下书本，和我一起陪着客人喝喝茶、聊聊天，但是皮皮多半会拒绝我，说："大家都夸我是一个爱学习的小孩，要是我跟妈妈一起闲聊，大家一定会对我产生不好的印象的。"

我不禁大受感动。如果他能够用这种自尊自爱当作学习进步的动力，我又何不快乐地接受呢。

当我们在偶尔慨叹现今是信仰缺失年代的时候，请让自己警醒，不要再让我们的孩子在心灵花园中迷失。为孩子拨开云雾见日光吧，为孩子多充实精神的力量，为孩子多树立一些精神榜样，一路陪孩子过关斩将，直至孩子可以实现真正的价值人生吧！

内驱力给孩子提供持久的学习动力

学习是对心志艰苦的磨炼，非要用升华的精神支柱来鼓舞支撑，而非感官虚荣之满足可以成就的。孩子在父母的呵护中长大，可是孩子内心也会偶尔有这些疑问，我为什么来到这个世界？我为什么终究要离开家长的羽翼而自强独立？谆谆教导，循循善诱，引导孩子逐步寻找这些问题的答案吧，这答案将让孩子为自己肩负的重任而自豪骄傲，这答案将成为孩子主观上的原动力从而去认真学习。

什么样的精神能作为孩子的坚强支柱？只有那些以人类美好的愿望、高尚的情操作为基石的精神思想才是不可战胜的人类发展的主题。孩子在少年时代已经开始形成自己的价值观和世界观。孩子的观念会受时代的影响，但不是每个时代都只将它最伟大的特征传承给孩子们，每一代人既有可圈可点的优点又有带着时代特征的局限。但是不管什么时代，沾满了泥浆的历史巨轮始终都在滚滚前行，一路都哼唱着激昂奋进的主题歌，为人类幸福而奋进，为国家强盛而奋进，为社会和谐而奋进。因为历史不会倒退，人类文明不会倒退，所以这样的主题也不会改变。十年之后，我们的孩子也会成为社会的主流，将在他们的时代继续哼唱这首歌。在孩子履行自己的使命之前，在孩子肩负社会责任之前，孩子应该做好这一切准备。

我们往往将更多的重点放在了如何让孩子刻苦学习上面，却忽略了提醒他要学习的真正原因。任何浅短的、狭义的目标都不能让一个孩子去持久地为之奋斗，我们为什么还不告诉孩子自己生来的使命？他为什么来到这个世界上，他为什么要离开家长的羽翼而自强独立地生活，这个看似简单实际而又极重要的问题，不应该被草率回答。

让孩子了解历史吧，看历史翻天覆地的改变，看时代风起云涌的演变，看什么是大浪淘沙的主流，看什么是隽永不朽的精华。让孩子认识到这个世界原来有这么多深刻的道理和可歌可泣的壮举。让孩子知道身边的生活正是千百年来人类奋斗的结果。让孩子的心灵承载着历史的变迁，而渴望尽早地融入未来。告诉孩子，大气磅礴的未来要由他们这一代来写就，他有责任有力量在十年后成为时代的中坚，以他的力量参与时代的进步，这就是他来到这个世界上的使命，也是他要实现的人生价值。到那时，他们的成就会超越父母这一辈，他会为自己而自豪。

让孩子多观察这个世界吧。孩子都是单纯的，当他得到父母的爱和社会的关心时，当他沐浴在幸福之中时，他感到这个世界都是幸福的。在一个人满足现状时他如何进取？孩子更会疑惑世界已经足够美好，为什么还要努力学习？为了让孩子继续奋斗，当孩子逐渐长大，我们要逐步将真实的世界展现给他，他迟早要认识完整的世界。当他知道这个世界并不是都像他的身边那样宁静祥和，这个世界还存在贫困和落后时，善良的孩子就会鼓起勇气用自己的力量去帮助别人。的确，只有自己幸福不算幸福，只要这世界上有一个人需要我们的帮助，我们就有努力的必要。前程任重而道远，我们的一点点儿快乐得失不足挂齿。这不仅是高尚的情操，这更是人类文明前进的必然结果。就像斗转星移、能量守恒一样，人类的爱和使命的最终选择也是让世界每一处都处在自然平和的状态。

虽然在皮皮小的时候，我曾经多次给他讲一个人的社会责任，他来到世界上是要贡献社会的，但是直到10岁以前他一直都是似懂非懂，我也一直不厌其烦地旁征博引地为他讲解。有一天，皮皮又和我提到了为什么要学习的问题，我耐心地引导他去想他亲眼见到的人和事。曾经有个亲戚家的孩子，高中毕业后在一家工厂里打工，其间在我家住过一段时间，皮皮叫她姐姐。小姐姐上班的时候是黑白班两班倒，上夜班回来白天要睡觉，而且由于工作时间很长，所以白天她休息的时候我不让皮皮打扰她，皮皮对那一段时间记忆很深。我告诉皮皮，你觉得现在社会很发达了，生活很舒服了，其实不然。我们虽然能够过上比较舒服的生活了，但是还有很多像小姐姐那样的工人在超时劳动，那是为什么呢？因为科学技术还不够发达，经济发展还不够好，所以还有很多人必须很辛苦地劳动。人不能只为自己才努力，你们肩负的责任就是让越来越多的人像你一样幸福，那需要你们好好学习知识，将来发明创造更多有用的机械，让像小姐姐一样的那些工人的劳动能轻松起来，工作时间能缩短一些，让他们都和我们一样拥有舒适的生活。孩子明白了这个道理，我想下次他还有可能再次彷徨，毕竟他的眼前只是世界的一小片风景。我想我会尽力站得高些再高些，将极目望见的远景指点给他，为他引领航程，让他在前行的路途中目标清晰，充满动力。

孩子虽然还小，但不妨碍让他们早些熟悉人类永恒不变的主旋律，让孩子的目标变得远大，让孩子的意识跳出有限的范围，升华到无限的时代星空中，为自己的神圣使命而学习，那样孩子才会动力十足！

3. 以智慧和爱引导孩子在学习征途上前行

父母时常不得不暗自惭叹，孩子的聪颖敏悟和知识广度已经超过了自己。若想引导比我们更灵动机巧的孩子，我们只有更多地借助智慧与爱。

父母总是深深地爱着孩子，为孩子牵肠挂肚，与孩子感同身受。在学习上，父母付出的辛劳更多，归结起来，还是因为爱。父母为了孩子的学习，有力出力，有钱出钱，希望换来孩子学习上的好成绩。孩子们每时每刻都像一个中心，而父母则围着中心一圈圈转。父母想方设法在孩子学习上推一下，拽一把，可是常常是精疲力竭，取得的一点点儿成绩还不足聊以自慰。孩子们都是聪颖的，父母常自叹不如，但是父母在孩子生活上总想充当先锋队、排头兵的角色，父母既想帮助孩子，又教子心切，常免不了体罚责骂，还美其名曰"打是亲，骂是爱"。然而，父母的自说自唱并不能得到孩子的理解，更不用说感激，甚至往往由爱生恨。父母恨铁不成钢，孩子觉得得不到爱而离家出走的现象比比皆是。其实这都是父母将一种带有压力的爱给了孩子，太多的压力不能帮助孩子变得更有力量，反而变成了孩子的负累。孩子在任何时候都需要你的鼓励，父母如果要帮助孩子，那就让孩子学会独立吧！让你的爱集智慧为一体，让孩子感到没有压力的同时，在一种大爱精神的引领下踏上征途。

引导孩子正确地学习，让孩子如虎添翼

孩子面对日渐繁忙的学习有时候难免会手忙脚乱。父母是过来人，更容易站在各种角度看问题，那就帮助孩子理理思路，调整一下方法。如果不善此道，至少可以多看一些教育专家的书籍，但千万别做一个时刻跟在孩子背后的扬声筒，

只会催促唠叨。面对学习，孩子需要的是智慧的引导。

皮皮埋头做题的时候，脸上时而浮现出欢喜的表情，时而又现出犹豫的神态，我知道，前一种神情是题目迎刃而解了，后一种神态则代表皮皮在做题过程中遇到了麻烦。

父母们最怕遇到后一种情况，因为他们最怕的，就是自己的孩子遇到不会的题目，平时练习的时候就遇到难题，考试的时候又该怎么办呢？平时还能查资料、问父母问老师，考试的时候又有谁会来帮助孩子呢？总是遇到难题的孩子是不是很难通过考试，取得理想的成绩了呢？

孩子还在桌上思索，寻找解决的途径，父母们却在一旁乱了手脚。这怎么行呢？

看到皮皮为棘手的题目辛苦思索，我从来不为他担心，这些难题是促进他进步的动力，如果每天只是练习一些简单的题目，做起来驾轻就熟，怎么能有新的发展空间呢？

皮皮思考的时候，我从来不会打扰他，说些"不会做了吗""想到答案了吗"之类的话，催促他快点寻找到问题的答案，而是给他充分的时间去思考。如果看他实在找不到突破口，我就会不经意地说一句："换一种思路解决怎么样呢？看看这个多边形能不能转化成长方形，然后再来计算它的体积。"

"对啊！"皮皮顿时有一种豁然开朗之感，"我刚才怎么没想到呢！"

转变了做题思路的皮皮很快就找到了问题的答案，做完题目之后，他高兴地对我说："妈妈，我是不是很厉害呢？做出了这么难的题目。"

"是啊，"我说，"皮皮真棒！"

接下来，皮皮又沉浸到下一道题目之中了，他似乎忽略掉了一件事，他之所以能够做出那道难题，很大一部分原因是因为我的提醒。但是这些都不重要了，而且这正是我想要看到的结果，皮皮掌握一个解题思路，是我的根本目的，下次再遇到类似题目的时候，我相信皮皮不用等我提醒，自己就能找到问题的答案了。

　　父母对孩子提供了力所能及的最好的服务和支持，但是在协助孩子学习这方面，有几位扪心自问可能评上优秀呢？父母是这个世界上最需要与时俱进的角色，与孩子每时每刻的成长之需相吻合。父母从孩子出生的那一刻就开始呕心沥血，精心照料他的成长生活。然而，刚刚还在为孩子的身体越来越壮而自豪的父母，现在又面临着孩子学习屡屡告急的困惑。为了孩子，父母从来没有退缩的时候，想都不会去想就冲向前去。然而父母的头脑被生活琐事也缠得简单了，父母先想到的是像个闹铃一样地督促孩子去努力。父母可以放弃自己的很多追求，将所有的精力都用来看顾孩子的学习，跟孩子的马虎、拖拉、贪玩战斗，虽然屡战屡败，但却屡败屡战。父母们停下来想一想吧，这种有硝烟般味道的简单督促，反而让孩子觉得学习的沉重。

　　孩子已经长大，已经知道自立、自强。我们做父母的也已经达到了一个里程碑。让我们好好回顾这之前的欢喜与辛苦、得到与付出，那是值得欣慰与骄傲的。但是，这段时光已经过去，它成了美好的记忆。孩子进入学龄，又进入了新的征程。父母想做孩子征程上的良师益友，那就应该整理行囊，点数装备，将不必要的抛弃，带上我们最有效的武器。固化的神经、机械的思维无法与智慧的劳动——学习为伍，开放的观念和灵活的智慧才能助孩子一臂之力。当孩子对日渐繁忙的学习手忙脚乱的时候，父母应该帮助孩子理理思路，排排计划，调整一下方法，父母可以多看一些关于教育的书籍。当父母能够秀出教育的真功夫时，孩子会感到如虎添翼。这无疑是对父母的又一次挑战，又恰似面对孩子出生那一刻的手足无措。革命尚未成功，同志仍需努力，父母没有退缩的理由。父母是伟大的，因为他们含辛茹苦养育了孩子；父母更是可爱的，他们施展智慧陪伴孩子让孩子在学习路上走得更轻松惬意。让我们继续做个有魅力的父母，因为迎接父母的，将是下一个里程碑。

对孩子的理解和支持才是爱

对孩子体贴周到的关怀是父母的殷殷爱意，父母乐此不疲，宽容与鼓励、默默地支持是父母对孩子无声的爱。对孩子来说，父母让他们感动与信赖。

八十年代的青年人在步入他们的青春岁月时大声呼喊：理解万岁！处在那个时代的青年必定和他们的父母有很多的代沟，那个年代的父母刚刚经历了深痛的历史变革，思想被禁锢了，很多父母都谨小慎微、因循守旧。而八十年代的年轻人本身朝气蓬勃，又由于改革开放带来了很多新鲜的事物而思想活跃。那样强烈的代沟似乎是时代潮流转向的后遗症。现在父母与孩子共同经历平和的环境、富裕的生活，父母与孩子的共同语言越来越多，尤其是对于生活的态度和方式，代沟已越来越小了。我们的孩子虽然没有像父辈那样引人注目地大声疾呼理解万岁，但是他们身上久留不去的一些问题可能是对理解的最真切的呼唤，比如孩子的孤单、孩子的厌学、孩子的寻求刺激。

当孩子对学习感到厌倦的时候，父母不要马上火冒三丈、怒气冲天，父母可以想想在自己上学的时候，来自父母和学校的学习要求有这么高吗？父母也曾经让我们把上清华北大作为自己的理想，但是随着年级一点点高起来，父母也就更务实了，有个大学上就觉得孩子很争气了。现在的孩子已经比我们那会儿紧张不知多少倍，甚至在学校课间都不允许出来玩，这样孩子能不对学习感到厌倦吗？其实扪心自问，换成我们自己能觉得开心吗？父母抱怨孩子爱玩电脑游戏，父母从前不玩儿是因为没有，但是我们还有更多的伙伴和兄弟姐妹。父母有没有在孩子想玩游戏时理解到孩子枯燥和孤独？其实想一想，现在的孩子更需要理解，因为孩子本性的特征和需求正受到侵害，而且是一种孩子自身不能意识到的侵害。这是不同时代难以消除的桎梏，或许父母无法为孩子们全然解除，但是父母可以多用心去理解孩子，那样，父母的宽容便不再是孩子奢侈的礼物而是他失而复得的爱。

曾有一段时间，我总是因为皮皮的不听话而生气。比如，我希望皮皮放学后赶快回家，免得我担心，可是皮皮总是想先去小区的足球场踢一会儿球才回家。又比如说，我希望皮皮不要去吃过多的零食和甜点，免得蛀牙，可是皮皮也听不进去。

这让我感到既窝火又难过，我自己亲生的孩子，怎么总是不按照我的期望去做呢？怎么总是不能体谅妈妈的苦心呢？

但是后来我才发现，自己的想法是错误的，孩子有自己的意识和想法。爱孩子是要支持孩子，如果孩子真的做错了，父母可以试着去给他讲道理，告诉他什么是正确的，而不是火冒三丈，强硬地去反驳和惩戒自己的孩子。

父母与孩子相处，最关键的就是要互相理解。父母都是从小时候过来的，都有过一颗孩子的心，我们像孩子那般小的时候，也淘气过，也调皮过，也忤逆过父母的意思。后来事实证明，父母和孩子都不是完全正确的，孩子可能犯错，父母也可能会有不对的地方。当我们为人父母的时候，怎么反而忘记了这一点呢？

我想，我该支持皮皮的决定，如果他实在喜欢踢足球，那就给他一点时间锻炼一下自己的球技好了，他爸爸上学的时候，也是校足球队的主力前锋呢！而且皮皮的爸爸功课很好，并没有因为踢球而影响学习成绩，皮皮为什么不能像他爸爸一样平衡好踢球和学习之间的关系呢？我应该相信皮皮，支持皮皮的爱好。

当然，他爱吃甜食的毛病，我还是要稍微干涉一下的。

我们与自己的少年岁月相去久了，也被社会的风浪磨折久了，常常无法自觉地去了解孩子的心。即便我是奉行理解孩子这一原则的，但往往也会在一些时刻钻了牛角尖，怎样也不能和孩子融洽地去解决思想的差异和去理解孩子行为上的"乖张"，难免造成不欢场面。这偶尔的相处失败也应该是可以谅解的吧，毕竟我们是初次做父母。当父母感觉无法理解孩子也无法说服自己的时候，可以去书中聆听大家的智语箴言。我们总能在静心读一些教育专家的书籍时找到灵丹妙药，让我们重新恢复对孩子的宽容、理解和帮助。每个人都需要常借助外力，常读教育书籍就是一个很好的借力途径，它会让我们坚持对孩子予以理解和默默支持，让我们给孩子奉献最优质的爱。

4. 耐心等待是充满爱的期望，急功近利是商业化的投资

养育孩子是漫长的过程，父母对孩子幼儿时期的哺育往往是耐心细致的，然而，孩子一旦懵懂，父母就以为说教能让他们迅速拥有成熟的思想和行为，变得失去耐心看孩子犯错误和走弯路。一旦孩子不如自己所愿，就感觉自己多年的心血似乎没有换来应有的感恩回报。其实，孩子依然在成长，他们的心智依然需要小心呵护，在这个过程中父母要面临更艰难的挑战。

孩子历时18年才能够长大成人，踏足社会。这是人类所不能跨越的自然规律。父母在决定把孩子带到这个世界上来时，就应该认识到要在18年中执子之手，与子相伴，直到孩子足够成熟。这么长久的时间内，父母不仅要养育孩子，还要一路细心栽培孩子。除了对骨肉的爱让父母做无私的奉献，更重要的还有父母心中的希望火炬一直熊熊燃烧。这一路再苦再累，父母也不会觉得辛苦，孩子就是父母心中的明日之光，爱和希望支撑着父母一如既往地奉献。

然而孩子毕竟有自己的喜好，他有特立独行的时候，他不会站在父母所在的高度看待自己的成长，在成长之路上并不会总是高歌猛进。父母见到孩子日新月异的变化就感到希望实现在即，感到欣喜，见到孩子止步不前就恐怕离希望渐行渐远，感到焦急。父母应该知道不论是孩子的身体成长，还是心理成长，都是有高潮和低谷的，迂回前进是正常的，在迂回的时候，孩子也是在成长，只要孩子整体趋势向好，父母就没有什么好担忧的。我们教育孩子，不是在做投资，我们应该耐心地宽容地对待孩子的成长，而一味要求孩子直线进步，是功利性的投资心态，只会揠苗助长、适得其反。

不责骂，多宽容

宽容对待孩子在成长道路上的反复状态，采取不责骂的态度。父母要细心关注孩子的成长过程，了解孩子每一次的进步。孩子的成长征途漫长，他的成长期有高潮也有低谷，或进或退，但每一步的体验都像是在解开他生命之谜的译码。让孩子能够安静地自我求解，不要做孩子的监工。

孩子在学习上止步不前甚至在退步的时候，父母要多观察孩子，只要孩子与正常的轨道相去不远，就可以与他一同停下脚步，观察是什么吸引了孩子，让他驻足流连。孩子的人生也不只是意味着学习，多彩的世界有很多让他流连驻足的奇妙之处。孩子的成长本身就是厚积薄发，他一路上成长的点点滴滴都是一种人生的积蓄，孩子看似不经意的经历，可能对他未来的生活有用处。不要对孩子的心有旁骛耿耿于怀。

孩子，你慢慢来

很多人在工作和生活中总是追求多快好省，当然，正是人们讲究投资回报和效率，社会经济因此才飞速发展。在成人们已经习惯了这种高投入高产出的模式的情况下，有的父母对孩子也产生了快速培养的心情。经济有经济的规律，而孩子不属于经济，属于自然中活生生的人，所以我们对孩子的期待必须要符合自然规律。一年之计，莫如树谷；十年之计，莫如树木；终身之计，莫如树人。孩子是比树谷树木更为重要的，需要尽一世之力去栽培的终身之计，因为人才是人类发展之本。做父母的要勤劳耐心，决不能急功近利。孩子的每一点滴成长比我们收获的任何财富都宝贵。

皮皮在幼儿园时我们并不重视他的学习，所以他在进入小学后成绩不如一些同学，尤其是英语，这门课属于勤学苦练的课程，一步差似乎步步差，皮皮对英语的学习一没有兴趣，二没有耐心，班里其他的孩子都已经在准备课外剑桥英语的考级了，而皮皮连课堂教材还不会读。

　　我们知道皮皮的英语底子差，所以在别的孩子积极去参加课外学习的时候，我们坚持让皮皮将精力放在课本上，一字一句地去吃透每一课的内容。一年多以后，皮皮对学习英语不再感到高不可攀，因为通过努力，在课堂上他能做到会听、会读、会背，课本上的内容，他不比其他同学差了。

　　他对英语的学习没有任何心理障碍以后，我们开始和他商量学习剑桥英语的事情，他这时已经满怀信心。由于班里其他同学已经开始剑桥二级的学习了，为了赶上同学们的进度，皮皮自己决定从二级学起，暑假自己补习一级的词汇和课程。我们告诉他这需要比较艰苦的努力才能跟得上，皮皮毫不犹豫地告诉我们自己能行。

　　暑假里，他的确花了更多的时间学习英语，无论学习时间的延长还是学习难度的加大对他说都是个挑战，经过我们不停鼓励和帮助，他最终于和同学们一起通过了剑桥英语二级考试。

　　历经三年的努力，皮皮的英语水平终于赶超了大多数同学。这个过程中，我们能为自己做到不心急、不强求而感到自豪。就像皮皮小时候说话晚，别的孩子都口齿伶俐了，皮皮还不肯开口说话，那时我们总在想，"会说话的，总有一天会说话的"，你瞧，他现在不也吐字清晰，思维敏捷了吗？

5. 教孩子做自己的主人

我们在工作的时候都不愿意总有人站在身边，处处指点，孩子学习的时候也一样，不需要父母时时处处守在身边。我们何不试试让孩子自己掌握自己的时间，自主安排玩和学？

父母看到孩子贪玩而不学习时，经常忧心忡忡，强迫孩子去学习，其实这样做效果并不好，弄得自己生气，孩子委屈。何不让孩子学会做自己的主人呢？

尊重孩子，给孩子自由

国家可以对传统习俗和民风与汉族差别较大的地区实行少数民族区域实行自治，对于思想和特征与我们差异这么大的孩子，为什么不能也让他们为自由而自治呢？

"妈妈，做完这些功课之后，我想约隔壁小明去打篮球，你看可不可以呢？"

"妈妈，学校组织了很多业余兴趣小组，你说我是参加声乐组，还是美术组呢？"

皮皮经常会用商量的口吻来征求我的意见，让我为他做决定。我看得出，皮皮心中已经有了自己的想法，只是不知道正确与否，所以他将权衡利弊的任务交给了我。

每当这个时候，我都会告诉皮皮说，他已经长大了，完全可以结合自己的情况，为自己做出决定。

"可是我不知道自己想得对不对，万一我做错了怎么办？"皮皮很忧心地问我。

"小孩子哪有不犯错误的呢，只要自己用了心，知道选择正确的方向去走，就算偶尔做错了，也是可以及时改正呀！而且，有妈妈在皮皮身边，有了不懂的地方，你再来问妈妈就好了！"

在我的鼓励下，皮皮大胆坚定地按照自己的想法来选择了。虽然皮皮的选择不一定是正确的，在做决定的时候，皮皮会遇到一些挫折，但是这都无妨他的进取心。我觉得，跟训练皮皮的自主性相比，过程中的小失误、小挫折都不算什么，它们会成为皮皮日后发展进步的借鉴，成为皮皮下次决定之前的思考。每个孩子都应该有自己独立思考的能力，成为自己的主人，而不是一个需要时时刻刻依附父母的小孩子。

孩子的年龄越来越大，对自由的要求越来越多，孩子需要有自己的空间。以往父母前呼后拥的场面，孩子越来越不喜欢，他们希望有些事情能自己做主，这种机会会让他兴奋不已。父母也可以试着让孩子独立地去做一些事，比如结伴出去玩耍，但唯一放手不下的是学习。父母总是无法说服自己放手孩子的学习，认为一旦没有了父母的监督，孩子就会像撒了手的氢气球，飞了。这种监督让自我意识较强的孩子反感而抵触，父母的监督很容易变成一场与孩子的战争；而这种监督又让自我意识较弱的孩子产生依赖，如果没有父母的监督，他们更加无所适从。孩子年级越高，父母的监督就越困难重重。有的父母干脆下班回家不干别的，就坐在孩子身边守着，自己给自己套上了拉车的套子，孩子却是一辆不情愿跑着的慢车。到不了终点，父母的套子就解不下来。这种糟糕的情形不但让父母和孩子都感受不到快乐和轻松，也难以体会到辛苦之后的成功和自豪。即使孩子最终学有所成，他不得不将这功劳的一半归功于陪读的父母，这对于他的自信和成长都没有增益。

孩子和成人是有意识差别的两个群体，在单纯的学习方面，成人原本并不一定优于孩子，只不过后知后觉，显得比孩子更加全面而又务实。成人可以指导孩子，但目不转睛地监督的方式似乎可以改革一下。既然孩子们有越来越强烈的自我意识和独立发展的要求，是一个有一定独立性的群体，何不效仿我们这个多民族国家实行的民族自治，让孩子自己管理自己的学习。

为"自由"而"自治"

让孩子自治，孩子就有了更多的自主空间，他们可以在完成任务的前提下自主地安排时间，摆脱父母的督促，拥有相对真正的自由。这种自主安排自己时间的方式是孩子心中向往的，为了这种自由，孩子们会心甘情愿地"自治"，只要父母没有将任务的难度提高到不可完成的程度，孩子会尽力而为的。主动和被动的差别不仅在于孩子的心情，还在于习惯的形成。每个人主动地承担责任和义务是一种成熟的状态，任何一个孩子都应该尽早做到这一点，学习恰恰是对孩子来说一项很重要的责任和义务，让孩子从小学会自主学习，孩子就会主动地去做其他责任之内的事情，而不用被动地等待别人催促，这是他将来成功的前提。

无论父母是不是怀疑孩子的能力，都要给孩子自主自理的机会。只要孩子乐意，父母就应该放权，这对很多父母来说都是难以做到的，但是，如果理解了孩子自治就有如他学习吃饭穿衣一样重要时，我们还有什么不舍呢？每个孩子当听到让他自治时，他内心都会是欣喜而骄傲的，不仅因为自己可以得到一直渴望的自由，更因为他能感受到父母对他的信任。

在皮皮9岁的时候，我与他签订了让他学习自主的君子协定，虽然这似乎是他渴求的，但是他当时很是慎重地考虑了，然后像是在做巨大决定似的严肃地说："签吧。"

刚签署这个协定的时候，我还颇为担心，原因是皮皮还小，自制能力较差，采用如此"放养"的方式，不知道是利大于弊，还是弊大于利。我很担心因为我自己的疏于过问，而让皮皮获得过多的自由，皮皮会不会加大自己的玩乐时间，减少自己的学习时间？

但是事实并非如此。自从签署了这个协定之后，皮皮的学习时间和学习任务量并没有因此而减少，反而有意识地加长加量了。

我问皮皮说："你怎么反而给自己加重学习量了呢？这个协议对你来说岂不是白签了？"

听到我这话，皮皮一脸不高兴地说："难道妈妈以为我签这个协议是为了让自己可以多玩一会儿吗？真是太小看我了。"

"对不起，是妈妈错了。"我连忙向皮皮道歉，又说，"可是，如果不是为了玩，你又是为了什么啊？"

"我是觉得我自己的学习情况，我比妈妈更了解，我想自己安排自己的学习时间，这样可以不必浪费太多时间，以前妈妈为我制订学习计划的时候，有时候会让我重复做很多已经学会了的题呢！"

听到皮皮的解释，我顿时放心了，我知道皮皮已经有足够的能力来为自己安排学习计划，也知道自己先前在教育方式上的不足，尽管我自认为已经很注意提升皮皮的学习效率，但是，最了解皮皮学习进展情况的，还是他自己。

通过这个君子协定，皮皮是在审视自己的能力，在为自己负责，在下决心，在他的成长之路上，他第一次体会到了肩负着学习责任，而不是将自己的快乐放在首位。

自主学习本身对孩子来说是一个多么棒的体验，这是在家长的声声督促下不可能有的积极反应。只有放开手让孩子自己飞，他才真正开始懂得怎样运用智慧和意志让自己翱翔。

纵使孩子在自我监督的过程中出现了问题，父母也不应该放弃，因为孩子长大后同样需要主动地融入社会和为社会做贡献。但父母的远程跟踪和监督是必不可少的，只要距离保持得恰到好处，孩子就不会有被监控的感觉，而你适时善意的指导会让孩子受益匪浅。就像孩子刚刚学会骑脚踏车，他知道背后有你关注的目光时，心中会更踏实，更有信心去骑好。孩子的自治不仅使孩子获得了应有的自由，也使大人能更自在一些，双方充满理性和理解的方式不是更健康而自然吗？不是值得我们去尝试和追求的吗？

第三章 雪化了是春天，不是泥水

——谈语文的学习

1.　请善待孩子的想象力

　　想象力是人类文明发展的前提，是一切熠熠发光的科学和文学成就的最原始的一粒火种，保有这粒火种，就保有了天赋才华。

　　语文大概是诸多学科中最富有浪漫色彩的，有的学生觉得想要学好语文简直难如攀岩，三番五次尝试总是不得要领，有的学生却觉得语文是最好学的科目之一，不用死记硬背公式定理，也无须做那么多的练习题，点滴积累就能取得高分。

　　想象力是孩子学好语文的关键，拥有想象力的孩子对文字有着特殊的领悟力，他们懂得如何运用这些文字，组成美丽的词句，描摹出事物原本的状态，形成一篇动人的文章。那些历史上的文学家，无一不是拥有丰富想象力的人。想象力是一种天赋，一种学好语文的天赋。

　　我国盛唐时期的诗人李白就是凭借着丰富的想象力，创作出了大量灿若星河的著名诗句，人们都说，李白和杜甫的诗并列成为中国诗歌创作史上的最高峰。据说，当年贺知章看了李白写的《蜀道难》之后，连连称奇，直呼他是"谪仙人"，是因为自由不羁被天庭贬下来的太白金星。李白的诗歌是不可模仿的，因为他诗歌的字里行间充斥着想落天外的思维，是其他诗人难以企及的。

　　唐诗讲究韵律，对句式平仄均有着严格的规定，但是诗仙李白诗兴酣畅的时候，常常不局限于字句韵律的限制，在他的笔下，诸如"白发三千丈，缘愁似个长""呼儿将出换美酒，与尔同销万古愁"之类想象丰富、比喻夸张的句子比比皆是，令人脍炙人口。这样的佳句承载着人类最美好的想象力，那是语文学习中精华的部分。

孩子年龄还小，对世界上的各种事物都充满了好奇，在描述一个人、一件事的时候，孩子常常有着自己的一套话语系统，在这种话语系统里，逻辑常常显得有些混乱，言辞也有些夸张，但是这其中却充满着丰富的想象力，这是成人的世界里所欠缺的。应该说孩子的思维不合常理还是应该说它们超乎寻常呢？

作为父母，我们要善待孩子的这种想象力。

保持对事物的新鲜感是获得想象力的前提

当婴儿呱呱坠地，张开小眼睛开始打量这个世界的时候，所看到的一切对他来说是多么新奇。婴儿常常对某样东西充满好奇、咿咿呀呀或者目不转睛地盯着什么看得出了神。等到会说话了，对见到的东西总要刨根究底问个不停。当孩子渐渐长大，我们发现有的孩子不再喜欢发问，对接触的事物显得漠然，生活中很少有什么能引起他注意的，但有的孩子一直保持着强烈的好奇心。是什么造成孩子的这种区别的呢？在孩子成长的过程中，有的父母对孩子的求知提问不重视，总觉得是些幼稚的问题，随便敷衍过去，或者拖延至后来不了了之，或者因为忙碌干脆说不知道。如果孩子的好奇心、求知欲一次次受阻，久而久之就失去了热情，不再爱发问，不再关心周围世界里都有些什么，会怎么样。与一般的孩子相比，皮皮特别喜欢问问题，而且从小到大一直如此，每天少则十几个，多则几十个。我们一直都很重视他的提问，非常耐心地尽量做出令他满意的解答。如果回答不了，就同他一起查找资料。满足他的好奇心，是为了让他保持对事物的兴趣，对这个世界的新鲜感，只有留心了，才能产生感情，只有附着感情色彩，才能扇动想象的翅翼。很难相信一个对什么都无所用心的人会有丰富的想象力。

有一年春天，我们乘火车去外地。在飞驰的列车上，透过车窗看到一望无际的绿色麦田，在这广阔的绿色背景上，不时闪过金灿灿的油菜花，皮皮趴在车窗上，惊喜地赞叹："太美了！阳光把它们点燃了，那些蜜蜂是溅出的火星儿吧。"

他爸爸问："你没见过菜花吗？"

"当然见过，可是每一次看到都是新的，都不一样。"皮皮回答道。

我说："是啊，我们在观察同一个事物的时候，由于周围的条件在变化，我们的心情有不同，不会固定不变的。对于我们的眼睛和心灵来说，太阳每天都是新的，太阳下的万物也是新的。"

第一次乘飞机，皮皮望着机舱外的云对我说："这些云就像厚厚的积雪，有一个贪玩的空中巨人，他把这里当成足球场了。看，他把雪踢得四处飞扬，踢得乱作一堆，我也要去团一个大雪球！"

正是由于兴趣盎然，留心生活中的每一种事物，善于体察感悟，感觉才会时时新鲜，想象力才会如一条欢快的小溪自由地奔流。

皮皮养了两只小鸡，他非常喜爱它们，放学回家就跟小鸡玩儿，给它们喂食物。老师布置一篇写小动物的作文，皮皮写的是《我家的小鸡》。文中写道：

我爷爷家有两只可爱的小鸡，它们身上有许许多多的黄色小毛，看起来像一个毛茸茸的黄球。

小鸡的叫声"叽叽喳喳"的，像一首乐曲，好像在说："让我出去，让我出去，我要到外面的世界里去，我不想老是被关在箱子里。"小鸡非常胆小，见到陌生人就会边跑边叫，叫声非常洪亮，好像在说："救命啊，救命啊，陌生人来了，主人快救救我！"

小鸡走路的时候，脖子先伸出来，看看四周有没有危险。如果有，它们就会扑棱着翅膀，四处逃窜；如果没有，它们就小心地一步一步往前走，好像仍然需要提防。

小鸡吃饭的时候，它们先啄了啄米粒，检查米粒是否变质。如果变质了，就放下，到别处寻找新的米粒；如果没有变质，就放心地啄了起来。

它们频频低头地啄，吃得飞快，好像怕人抢，我真担心它们噎着。

小鸡睡觉的时候总是半蹲着，把头缩在羽毛里，可能这样能起到保暖的作用吧，如果能像乌龟那样缩进壳里，我觉得它们也一定会毫不犹豫地缩进去的。小鸡睡觉也很警惕，如果有一点动静，它们就立即站起来，惊慌四望，准备逃跑。过了一会，没有动静了，才安心地睡去。

我家的小鸡可真胆小啊！

每个人都是一个独立的个体，都有自己独特的想法，而不同的年龄阶段，对生活、对事物的观察感受又不一样。孩子的心灵是纯洁的，映照在他们内心的事物无比灵动美妙。因而不要把成人世界所谓的知识观念灌输给孩子，要尊重孩子，让他们自己去看、去听、去想象，去创造一个属于他们自己的天地。我们看到有的孩子成天地用笔在纸上画出许多奇奇怪怪的东西，有的摆弄两块积木就可以玩得忘记吃饭，不要以为他们是幼稚、是贪玩，孩子有自己认知世界的方式，我们要给孩子充分的自由，在自由的天地里，想象力才能够有广阔的天地。

想象力是需要培养的

常听到有的父母埋怨自己的孩子缺乏想象力，因而学习语文有困难，作文写不好，下笔干巴巴，不如别的孩子想象力丰富，甚至归结为天赋使然。固然有的孩子天生敏感些，有的不够细腻，但孩子的性格并不是一成不变的，成长的环境可以塑造人的性格。让孩子拥有丰富的想象力，除了呵护孩子的好奇心，还要让孩子保持对世界的新鲜感，从而激发想象力，当然有意识地培养也非常重要。从皮皮能听懂故事起，我就有计划地培养他的想象力。一开始是给他朗读优美的童话故事，伴随着他的成长，我们读《山海经》、中国民间传说故事、中国古代寓言故事（尤其是《庄子》一书中的）、富有想象力而又浅显易懂的中国古典诗歌和现代诗歌、神魔小说《西游记》、古希腊神话故事，等等。这些文学作品可以开阔他的视野、激发他更多的想象力，使孩子不拘泥于所生活的环境，借助想象的翅膀自由地翱翔。

也许是我和皮皮爸爸的年龄渐长，对于歌曲也越来越怀旧，那些在各大歌曲排行榜上位居前茅的歌曲我们已经有点欣赏不了。于是，有一天我和皮皮的爸爸心血来潮，专门搜集来一些八九十年代的曲目来听，有的是当年的流行乐，有的是当时经典电视剧集里的插曲，这些老掉牙的音乐中透着一股沧桑，瞬间就唤起了我们对青春岁月的怀旧。

皮皮也好奇地过来听我们的歌，这些歌曲中绝大多数是他不熟悉的，但是皮皮仍旧耐心地听着，觉得那些古旧质朴的歌词听起来很有意思。

当唱片里响起"男人不是钢啊，女人不是水啊，命运不是那辘轳"这句歌词的时候，皮皮不解地问我们说："爸爸妈妈，'辘轳'是什么呀？'命运不是那辘轳'这句歌词又是什么意思呢？"

这可把我和皮皮的爸爸难住了，我们不是不知道辘轳是什么，而是不知道如何向皮皮这个年纪的孩子介绍一个即将退出历史舞台的事物。我们小时候倒是在乡下亲戚家里的水井边上见过"辘轳"。但凭皮皮的生活阅历，他是不可能有足够的想象力去构思出一个"辘轳"的轮廓的。

不过我仍旧尽可能详细地向皮皮解释着："'辘轳'是一种农家人在水井上打水用的一个木轴子，它的上面有把手，还有绳子，当人们转动把手的时候，绳子就会缠绕在'辘轳'上，绳子下面系着的盛满水的木桶就会被摇上来了——至于'命运不是那辘轳'的意思，就是说命运是可以由人们自己掌控的，不像辘轳一样任由别人摆布。"

当我讲完这些的时候，皮皮仍旧是一头雾水。皮皮的爸爸说："皮皮过来，我帮你画张图，你一看就明白了。"

皮皮爸爸的画技不错，寥寥几笔，就勾勒出一幅简易的辘轳图。看到图纸，皮皮受到了想象力的启发，一下子就明白了。

后来有一年，我和皮皮的爸爸带着他去乡下探望亲戚的时候，远远地看见水井边的辘轳，皮皮不禁脱口而出："爸爸妈妈快看，是辘轳，几乎跟我想的完全一样！"

乡下的亲戚们都很奇怪，皮皮在城市长大的孩子，居然还能认得"辘轳"。他们微笑着问皮皮说："小朋友，你是怎么知道这个东西叫做'辘轳'的呢？"

"我是凭借着想象力想到的！"皮皮一脸骄傲地说。

让想象力在不断的练习中提高

拥有了想象力的良好基础，如果得不到锻炼，就如同缺少了源头的水流，会渐渐枯竭。不断地练习好比是使想象力不断流淌的源泉。

为了提高皮皮的想象力，我总是在生活中给他找练习的机会。看到雨后的蜗牛在慢慢地往树上爬，我让皮皮编一个关于这只蜗牛的童话。

秋天，一片落叶飞到脚下，这片叶子在整个春天和夏天里有过怎样的经历呢，也可以想象出一篇故事来。

我们还常常编造一些匪夷所思的故事情节来娱乐。有一段时间，在接皮皮放学的路上，以他和他的朋友为主人公，我们编沙漠历险的故事，依据以前对沙漠的亲身感受和从书本影视中获得的印象，居然将情节展开得紧张动人。遇到所牵涉的不懂的科学知识，就去查资料，从而也学到了不少关于沙漠的知识。

皮皮在写作文中也学会了运用想象去描写事物、创作童话作品，如《月亮姐姐》《一朵金盏菊》等。我们并不期望孩子的作品有多少思想意义，只要那稚嫩的文字里有丰富灵动的想象，有他所观察感受到的独特的世界就足矣。

皮皮写过一篇《未来的食物》的想象作文，并用电脑绘制插图，后来发表在

《中国少年文摘》的"怪怪生产线"上。

未来的食物，它们长得奇奇怪怪的，可是有特殊的本领。

未来的食物不会腐烂变质，因为它里面有一种杀菌细胞，一旦病菌侵入，大批的杀菌细胞就会和病菌搏斗，不一会儿，病菌就被消灭了。如果有老鼠蚂蚁虫子等来偷食，它里面的报警细胞就会发出"丁零零……"的响声，同时食物的战斗细胞会出来跟它们搏斗。

这种食物还可以自动调节口味，根据你的喜好，它的细胞能变换出你想吃的味道。食物也可以自动调节温度，根据需要自动变冷或加热，不需要放在冰箱里，也不需要放到微波炉里加热。这种食物进入嘴里，不会粘在牙齿上，而且食物里的清新细胞还能清除牙齿上的脏东西，吃了这种食物，你就不需要刷牙了。

未来的食物给我们带来了方便、健康，我长大了一定要发明这种食物。

或许，奇思妙想有朝一日也会成为现实。

2. 把识字做成快乐的游戏

文字，是远古祖先洒落在历史长河中的金砂，是上下五千年人类文明结晶的演变。张艺谋在2008奥运开幕式上对中国方块字的演绎，是历史与智慧撞击产生的不朽传奇的完美诠释。我们能不能让孩子也一起来体会这美妙汉字的魅力呢？

父母都希望自己的孩子尽早识字。在皮皮识字的过程中，我体会到应把学习同孩子的天性结合起来，在学习中玩耍，玩耍中学习，才能获得最佳效果。

在阅读中不知不觉地识字

最初，我给皮皮买了《婴儿画报》，上面有美丽的图画和简单的故事儿歌，孩子很喜欢，经常翻看。我给他有感情地大声朗读上面的文字，语速稍微放慢一些，并用手指在所读的那行字下划过，目的是唤起孩子对文字的注意，让孩子知道动听的故事、美妙的儿歌就是文字传达出来的，并以此引发他对文字的兴趣。

渐渐地，对于那些读过几遍的儿歌故事，皮皮再要求我读时，我常常故意只读半句，让他接下去。有的地方他凭着记忆，竟然能磕磕巴巴地将简单的字连缀成句，而识字又让他觉得长了本领，给他带来了快乐，又推动了他进一步地学习。

我们可以从中受到一些启发。首先，孩子的识字能力不是孤立存在的，它势必会和阅读能力、朗诵能力相伴随而生，相促进而提高，文字需要依附于词组、短语、句子而存在。如果在教孩子识字的过程中，父母只是把单个的字摘出来，忽略它与周边词组、句式的联系，让孩子死记硬背它的读音和笔画，可能会收效甚微。即便你的孩子凭借勤学苦练、反复记忆而知道了这个字的读音笔画，孩子也很难明晓它的意义和用法，而且，时日稍久，孩子可能就会忘掉，很难留下深刻的印象。

理解是记忆的前提，同时也为记忆提供辅助作用。教孩子认识一个字的读音并不是根本目的，我们之所以教孩子识字，是想训练孩子的听说读写能力，学为所用地使用"文字"这一媒介，更好地进行学习和交流。即便孩子识字再多，如果不懂每个字的意思，读起书来就无异于不懂佛法的人念经，只是机械地重复。

其次，阅读可以促进书写。与其只让孩子一笔一画地练习写字，不如让边读边写，听说读写能力一起培养，各种能力彼此促进，共同提高。

我们都知道，在长时间的阅读积累中，人会形成一种叫作"语感"的能力，这是一种较为直接、迅速地感悟语言文字的能力。拥有语感的人，其识字辨字能力也会相应地提高，他们能够凭借记忆合理推测，字形记忆的能力也会超乎于常人。

父母不妨让自己的孩子多阅读，训练良好的语感意识，这种语感的训练中，孩子的识字能力会潜移默化地得以提升。

在卡片游戏中识字

我还给皮皮买来识字卡片，卡片是两两成对，一张写有汉字，另一张是对应的图像，打乱顺序然后像找朋友一样为图像找到它的文字。皮皮对此很感兴趣，时常做这种游戏，卡片上的字很快就认熟了。我们又自己动手制作了很多卡片，用水彩笔画图，把日常生活中所看到所使用的物品大都囊括进去，这样大大增加了识字量。

卡片游戏的内容设置十分丰富，除了我和皮皮使用的这套卡片之外，识字游戏卡片还有许多种，每一种都有各自的趣味，可以从不同的角度开发孩子的智力，在游戏的过程中完成认字学习。

我的一位朋友也在选用卡片游戏的形式帮助自己的孩子读音识字，她所选用的卡片是偏旁部首两两分开的那种，每一张卡片既可以作为一个独立结构的汉字，具有自身的特定意义，又能够作为一个新的更复杂字的偏旁或者部首，参加游戏的时候，这个朋友会帮助孩子进行各种游戏设置，比如说，她会从卡片中抽取一张卡片，以卡片上的字为偏旁，让孩子从剩余的卡片中挑出规定张数的卡片，与她手上的这张组合成新的字。有时候她要求孩子组合出5个字，有时候则加大难度，要求孩子组合10个。她的孩子在这种挑战之下，不断充实自己的识字量，以求可以组合出更多的汉字，得到妈妈的奖赏。久而久之，朋友的孩子甚至已经可以用三张或者三张以上的卡片组成比画更多的汉字了，比如说，她的孩子可以用"木""目""心"组合成一个"想"字，这让我的朋友感到十分欣慰。

卡片游戏可以让孩子自主化的学习，通过挑选和组合，孩子可以更好地观察每个字的字形结构："读""行"是左右结构，"忐忑"是上下结构，"周"是半包围结构……这种识字的乐趣一定会让你的孩子感到读书是一个很愉快的事。

我国春秋时期的大教育家孔子提倡寓教于乐的教学方法，将原本枯燥无趣的学习过程变得妙趣横生。毫无疑问，卡片游戏是和孔老先生的倡导不谋而合的，把学习当成一种游戏，在嬉戏中完成课业学习，是可以收到事半功倍效果的。

随时随地教孩子识字

古人说，读万卷书，还要行万里路。孩子的识字练习不应该仅仅局限在书本上，长时间地面对一页页密密麻麻、整整齐齐的书本，可能让孩子觉得识字是一件枯燥而无聊的事。

父母与其总将孩子关在书房里埋头苦读、勤学苦练，不如适当地带孩子出去走走，让孩子在日常生活中识字。

如果你带孩子去旅游胜地，那里一定会有许多名家的手迹墨宝，文采斐然，句式优美，你可以在题字碑前教孩子每个字的读音、意义和用法。如果你带孩子去超市、商场等地购物，也可以把握机会，教孩子去认识那些招牌和促销牌上面的字，这些字大多并不复杂，读起来也朗朗上口，很容易理解，孩子学习起来没什么难度，这样一来，父母就可能让自己的孩子由浅入深地认识越来越多的字。

想要学好语文，要在平时下功夫。生活处处皆学问，生活处处皆语文。父母在教孩子识字的时候，应该多带孩子接触外面的世界，让他们边喝着柠檬汁边默记"柠檬"的写法，边逛商场专柜，边练习每一个品牌的中文以及英文意思的读音，如此教学，一定能让你孩子的识字过程进行得更为顺畅。

　　平时上街或者接送皮皮上下学，见到店招、广告、指示牌上的字，我常指给他辨认。他本来对周围的东西就很好奇，想知道都是些什么，认识了那上面的字以后，感觉明白了许多，这种随意的方式使皮皮也识了许多字。

我们经常说寓教于乐，这对儿童来说尤为重要，不能把学习变成硬性的要求，成为孩子的苦差事，应让它符合孩子的心理、认知特点，使孩子愿意学，乐于学。

运用汉字的特点教孩子识字

我们都知道，中国的汉字可以分为"形声""会意"等几种形式，我在教皮皮认字的时候，常常会考虑到汉字的形声、会意特点来给他讲述一个字的读音和意思的来源。比如，在教他认识"鲜"字的时候，我就会告诉他"鱼"肉和"羊"肉炖在一起很鲜美，所以中国的古人便用左边一个"鱼"右边一个"羊"表示"鲜"。又比如，在教他读"休"字的时候，我就会告诉他"人靠在树上"

就代表休息；而当教他读"情"字的时候，我会告诉他许多汉字都是按照偏旁或者部首的发音来读的，"情"和它的部首"青"就是一个读音，而这种方法也不是对每个字都适用的，比如说"仙"就不能按照"山"的读音去读。

皮皮觉得这是一件很好玩的事，他常常会自己去解释一个字为什么会有那样一个读音，为什么会有那样一个意思。他常常会叹服古人造字的智慧，对识字产生了强烈的热爱，他的识字量也已经一天天地丰富了起来。如此教学，等于拓宽了皮皮的知识面，让皮皮的记忆思维更加立体和敏锐。

我还引导他品味一些汉字形体的美，由此联想到文字本身富有的意境美，比如"雨"字那纷纷飘落的雨点，"晶"字让人联想到纯净灿烂的阳光照在物体上所反射的烁烁光彩等。

这些做法都潜移默化地培养孩子对文字产生兴趣，因为喜爱，自然愿意亲近，愿意天天接触，无形中促进了阅读，培养了对语言文字的敏感，为以后形成在文章中遣词用语的能力奠定了良好的基础。

3. 课本里的营养并不够，学好语文需要多读课外读物

体会自然的不可神奇，体会历史的博大精深，体会智慧的力量，体会感情世界的丰富，课外书让孩子们充满对知识的渴望，让心灵变得多彩而飞扬，从而语言与思想在充实中成熟。

许多父母都知道阅读对孩子的好处，给孩子买了很多书籍，但这些书籍往往是堆放在书架上，很少被翻阅。于是，父母就抱怨自己的孩子不爱读书，并为此感到头疼。其实，光给孩子买书，并不意味着父母就完成了任务，更重要的是去引导孩子阅读，使孩子养成爱读书的习惯。著名教育家叶圣陶老先生曾经说过："教育是什么？往简单方面说，只需一句话，就是养成良好习惯。"现在的孩子生活在"读图时代"，是伴随着各种电子产品长大的，网络更是占据了孩子课余的很多时间。如何让孩子对阅读产生兴趣，从而自觉阅读，这就需要家长细心地掌握孩子的所思所想、兴趣所在，从而加以引导。

每次到书店到时候，看到书架上那些花花绿绿、包装精美的儿童类书籍，皮皮都免不了有买回家的冲动，虽然我一向提倡皮皮多买书、多读书，但是，我也不是毫无节制地为他乱买一通。

买书不是目的，读书才是，如果买回书来却不读，书籍就成了装饰品，失去了存在的价值和意义。皮皮有时候会犯只买书不读书的毛病，看到喜欢的书籍，他会兴冲冲地买下来，但是回到家的时候往书架上一摆，慢慢地就忘记了，或者才翻了几页就搁置不读了。

为了纠正皮皮的这个坏习惯，我和皮皮协商好，要想让我为他买一本

新书，就必须把上次买的书读完，而且不能敷衍了事，要认真地读，因为我还要考他上次买的书上的相关问题，只有答对了我的问题，才能获得购买新书的机会。

皮皮为了能让自己获得新书，就不得不认真仔细地读以前的书，以期通过我的考察，顺利地买到他想要的新书。慢慢地，皮皮的阅读量越来越大，对语文成绩的提升帮助很大。

营造爱读书的家庭氛围

为了创造一个良好的阅读环境，我给皮皮收拾了一间书房，让他拥有属于他自己的书桌、书架，以便专心去阅读。

为了潜移默化地影响孩子，使他认识到阅读书籍是生活中不可少的一部分，我在家里的沙发上、茶几上、窗台上，床头都放上书本，这样，只要在他想看书的时候，随处都能触摸到书。每当他拿起一本书开始阅读，我便尽量保持安静的环境，减少外界对他的干扰。

在午休和晚上睡觉前，皮皮并不能马上入睡，于是我们就翻看几页书，此时的阅读让心情安定。当困意袭来，搁下书本很快就睡着了。这样，孩子就养成一种睡前阅读的习惯。点点滴滴积累起来，阅读的时间就可观了，持之以恒的阅读习惯也慢慢养成了。

法国哲学家卢梭说："你要记住，在敢于担当培养一个人的义务之前，自己就必须要造就成一个人，自己就必须是一个值得推崇的模范。"要想促进孩子阅读，父母在这方面就要做出榜样。作为父母，如果一有空闲就盯着电视，或定在电脑前，或者与同事朋友饮酒聚会打牌搓麻将，很难想象，孩子能自觉地把时间留给阅读书籍。家庭环境对孩子的影响是直接而深远的，对孩子的未来发展负责，父母应规范自己的行为，为孩子做出表率，尽可能在家庭中营造文化的氛围，播散书香。我虽然工作很忙，但是在事务之余，总把时间用在读书上，把读书作为一种放松和享受。在充满阅读氛围的家庭环境的影响下，在父母的模范作用下，孩子不知不觉与阅读结下了缘，我有时打趣地称皮皮是小书虫，我是大书虫。

做孩子的读书伙伴

我经常同孩子就阅读的内容进行交流，他把自己的感受、评价说给我听。

有时，皮皮读了深深打动他的文章，迫不及待地让我也读读，并想听听我的见解。这个时候，我再忙，也要想法抽出时间满足孩子在阅读方面与他人分享的愿望，这对培养孩子喜欢阅读是一种促进。

根据皮皮的年龄特点、性情喜好，我把我读到的好文章介绍给他。皮皮喜欢小兔子，先后养过几只，并写过关于兔子的作文，我推荐他阅读季羡林先生的《兔子》一文，文中作者细致的观察描写、对兔子所倾注的满腔的爱，引起了皮皮的共鸣。

夏日到海边游玩，皮皮在沙滩掘螃蟹、捉小虾，玩得很开心，我就读给他听德富芦花的《沙滨落潮》，文中对虾蟹等活灵活现的刻画、妙趣横生的比喻吸引了皮皮，使他更注意去观察体会虾蟹等动物的活动细节。

秋天，草丛楼角传来蟋蟀的鸣叫，我和皮皮一起阅读王世襄先生写蟋蟀的文章，皮皮惊奇地发现，原来常见的草虫还有那么多趣事和学问。

古典诗词音韵和谐、意境优美，为了让孩子受到浸润感染，我准备了一块小黑板，配合季节变化和身边的景物事物，把挑选的诗词抄在上面。我并不有意要求他背诵，然而他时不时瞄上那么一眼，诗句就在头脑中留下印象，不知不觉居然记住了，于是我再换上一首新的。尽管有些诗词含义他并不能完全领会，但潜移默化会起到作用。

皮皮写作文有时也能恰到好处地引用上一两句诗文，顿使作文别具色彩。

从培养孩子阅读的实践中我认识到，孩子好习惯的养成很大一部分是来自于父母的留意观察，及时引导、用心呵护，采取积极适当的做法。

建议父母们多利用周末、假日带孩子逛书店、去图书馆，让他与书本亲近，受到书香的熏陶。通过种种途径，使孩子感知文字是多么美妙，书籍里藏着一个与现实生活紧密相连的丰富多彩的世界，它更集中、更高超、更引人入胜。阅读可以开阔眼界，增长见识，提高素质，带来快乐。

每天坚持给孩子读一个好故事

没有不喜欢听故事的孩子。故事，是哲理，是历史，是语言，甚至是社会一隅的写照，让孩子多多接触故事吧，多好的人生教科书！

每当我们深情地回忆起童年，倚在祖母怀里，傍在妈妈身边，零零碎碎听到的一些古老的故事构成了那美好时光不可缺少的部分。故事中的善恶较量、主人公身上所展现的优秀品质，以及故事发生的特定背景，无不深深地吸引着我们，让我们对生活有了最初的评判，让我们懂得了真善美。

记得我小时候邻家有一位老人，特别爱给小孩子讲故事，天知道他肚子里怎么藏了那么多稀奇古怪的故事，一到他开讲的时候，连最顽皮的孩子都被吸引了，围在他身边，一声不响地瞪大眼睛听着，早都忘记自己身在何处，仿佛与故事里的人物同呼吸、共悲欢，穿越那错综复杂、跌宕起伏的人生历程。

长大以后我对于文学的爱好，不能不说是受到童年那些故事的影响。

对自身所生活的环境、接触的人事感到好奇是人的天性，加上想象的激发、探求的推动，于是故事成为一种精神需求。从能明白句子的意思起，孩子就爱听故事。

皮皮很喜欢听故事，每当学习乏了、累了的时候，他都会嚷着我给他讲童话故事。面对皮皮的央求，我几乎从来都未拒绝过，因为我觉得，听故事也是学习的一部分，从听故事中，孩子也能学到许多课本上学不到的知识，学到许多为人处世的道理，这对皮皮的发展进步是极有好处的。

如果只是学习书本上那些知识，皮皮的知识面还不够宽。生活是一本大书，其中包罗万象、精彩纷呈，是孩子们不可不知的世界。但是像皮皮这个年龄的孩子还太小，没有多少与社会接触的机会。童话故事仍是孩子接触世界的一个窗口，故事虽然是虚构的，但是故事的来源仍旧是生活，是高度浓缩了的生活。通过听故事，皮皮能够对未知的世界了解一二。

而且，我讲完一个故事之后，会让皮皮对故事中的某个人物、某个事件，发表自己的看法，这样一来，既加深了皮皮对故事的印象，又锻炼了他的思维能力和语言表达能力。

我起初给皮皮读的是《婴儿画报》上的简单故事，带着他边看图画边读故事。

皮皮对于与他自己的感知有关联的故事情节特别感兴趣，常常一个故事要反反复复听，其实他自己已经能讲出来了，但还是乐此不疲。

读故事、讲故事渐渐成为皮皮每天必不可少的内容。时间多在午休或晚上入睡前和散步的时候。等到他有一定的表达能力时，我也让他讲故事给我听。

刚开始，他讲起来很困难，意思不连贯，不知如何表达，我在一旁时不时地提示一下。这样，每讲出一个故事，就是一次锻炼，表达能力也在逐渐提高，到了一定的程度，他自己也能有所发挥了，这增加了他的自信心，让他想知道更多的故事并愿意讲出来与别人分享。

我们常在读故事之后互相交流体会、认识，发表评判。

优秀的故事富有教育意义，对孩子性格的形成，心灵的塑造都起到一种潜移默化的作用。

　　皮皮上学读书，识字量逐年增加，理解感悟能力不断提高，越来越愿意自己阅读书籍，我十分留意孩子的探知需求，及时抓住他兴趣的方向，将他引向阅读这个丰富多彩的世界。

　　为使他从故事中汲取更多的营养，和促进他的成长，我选择适合他不同的年龄阶段所读的书。让皮皮充分接触到诸如中外童话故事、中外民间故事、《山海经》里的神话、先秦诸子寓言、中国历史故事集、中国四大古典名著、科普作品以及他能够读懂的外国名著，再加上家里订的报纸杂志等读物。我一般不规定他非要读什么，而是因势利导，激发他的兴趣。比如他听人谈论刘邦、项羽，想多了解一些关于他们的故事，我马上买来林汉达先生写的《中国历史故事集》，带着他读了几章，他很快就被那些精彩的内容吸引住了，一有时间就抱着这本厚书读得津津有味，简直到了爱不释手的程度。

　　他阅读《水浒传》是从武松打虎的故事开始的，我为他买的一套《红楼梦》的连环画使他读起了《红楼梦》，而对《三国演义》的阅读是缘于他爱看电视剧上那些英雄们斗智斗勇的故事。

　　对于尚在小学阶段的孩子来说，阅读名著当然有难度，光是语言方面他就有不少半懂不懂的地方，为了让孩子的阅读有始有终，培养孩子持之以恒的好习惯，我建议父母尽量抽出时间来陪孩子一起阅读，对于孩子不认识的字、不理解的语句，不要马上就给他解释，而是联系上下语境，引导他去推测、意会，并且在他弄明白的基础上，再适当地拓展延伸一下，目的是让他能触类旁通，不拘于一点。

　　只要做到坚持，慢慢地，再厚的书籍也会被一页页地读完。

　　每读完一本书，收获的不仅是知识的增长、理解力的提升、心灵的滋养，还培养了孩子的毅力、不怕困难的精神以及做事潜心专注的素质，这对孩子的成长非常重要。

4. 修得生花笔，爱上写作文

让孩子习惯驻足观察体验，在平凡的生活中寻找闪光点。当孩子的心灵学会捕捉暗夜里轻巧的流萤，当孩子的思想与生活碰撞能够激荡起火花，孩子也就有了爱上写作文的理由。

进入小学二年级，孩子们就有了一项作业：写作文。先从日记练起，再逐渐过渡到作文。通常，这是让孩子和父母都感到头疼的一件事。孩子不知道该怎么写，尽管课堂上语文老师也教了些方法，可握笔时还是困难重重，父母也不知道如何辅导，于是就把孩子送进作文班去补习，认为孩子记住了老师所教的窍门，再写作文就能手到擒来了。可是孩子学了一学期又一学期，作文仍然没有多少起色，每当老师布置了作文，孩子又陷入抓耳挠腮、绞尽脑汁、千呼万唤不来灵感的困境。孩子怕写作文，常见的原因主要有不知从何取材、不会提炼主题、拙于表达三个方面。

学会观察生活，留意身边的人和事，尝试思索

生活中的事物是散漫无序的，当要写一篇作文的时候，针对写作对象，调动生活经验，积极展开联想，唤起了记忆，平时在生活中不相干的事情，在某一点上却形成链接，统一于同一主题，比如，皮皮的作文《藕》。

六月天，正是荷花盛开的季节，你瞧，荷花们在比美呢，有的像一把把红伞，有的像一个害羞的小姑娘……真是可爱，真是香。可是，你有没有注意到藕呢？它埋在水底，很少有人会注意到它，它那脏兮兮的外皮，

沾满了淤泥，使人们不愿意接近它。

其实，藕的外皮不漂亮，可是它的肉像雪一样白，不，不，不，比雪还要洁白，它的肉有营养还很可口……藕的好处很多，但有一样最可贵：作为荷花的茎根，藕生长在水里，它不像石榴那么火红，不像桃子那么鲜艳，也没有苹果那么香甜，人们看不见它，可它却默默无闻奉献着，支撑荷花，如果没有了藕，荷花怎样生活？藕不爱炫耀自己，把美丽和赞誉，都留给了荷花。它的一生是在水里度过，也是在低调中度过。

想到了藕，我又不禁想起了在大街上扫地的环卫工人，他们顶风冒雪，在恶劣的气候下，不怕脏，不怕累，默默无闻地工作着，他们没有华丽的皮衣，只有沾满灰尘的陈旧外衣，不能享受荣华富贵，没有人会注意到他们，没有人会靠近他们。一生也是在低调中度过，他们的奉献，换得了我们美丽而洁净的街道，他们不也有着藕的高尚品质吗？

环卫工人，藕，你们虽然低调，可是你们默默奉献的精神，是值得每一个人学习的。

学会提炼主题

读书要明白别人写了什么事，目的在于表现什么，告诉我们怎样的道理，如何发现生活中的真善美，鞭挞假恶丑。促进自己对生活的思考认识。

在我们这辈人的印象中，每张小学语文试卷上，总结中心思想都是必考的题型，所占分值也很大。当时考试的时候，总有一些学生不怎么花费时间就能在一大篇文章中找到最关键的主旨句，有的学生却始终云里雾里找不到门道。尽管老师告诉他们说，文章的第一句和每段的第一句一般来讲都是最关键的句子，可这个窍门也不是屡试不爽的，大多数时候走这个"窍门"是靠不住的，基本功仍旧是最关键的。

文章主题到底应该怎样提炼呢？有什么规律可循吗？我要很遗憾地告诉大家，如果你是指公式、法则之类的东西的话，基本上没有。语文学习是很感性的，它没有数理化那样现成的公式、定理可供利用，它不能一蹴而就，而是需要通过大量阅读，提高理解，总结经验得出结论的。

提炼主题是阅读最重要的目的之一，如果阅读过程已经结束，读者却没有提炼出文章的中心的话，阅读上很大程度就已经失败了。因为不懂提炼主题的人是知其然，而不知其所以然的，他们只看到文章的字面意思，甚至咬文嚼字，流于表面，是不能窥见文章的真正含义的。儿童读物虽然相对较为浅显易懂，但是其主题的提炼仍旧是不可忽视的。提炼主题是一种能力，可以为孩子以后良好阅读习惯的养成打下坚实的基础。

作为父母，要指导孩子的阅读，让孩子带着问题去读，擅于搜寻一篇文章中的关键信息点，了解文章的立意，掌握文章的逻辑关系，明晓文章的主题。如果能够做到这几点，孩子提炼主题的能力定会得以大幅度提升。

从阅读中学习文章的结构布局

我们评价一篇文章的好坏，除了情节、辞藻之外，更重要的是文章的结构布局。如果说词语表达和情节设置是文章的血肉的话，结构布局则是文章的骨架。一篇结构懒散松垮的文章是断然称不上好文章的，它们就像绣花枕头，中看而不中用。

因此，我十分注重对皮皮写文章时结构布局的培养，因为我知道他的表达、修辞等方面可以在日后的阅读和训练中逐渐丰富和完善，而结构布局则需要在一开始就高标准、严要求。结构显现出一个孩子头脑的清晰程度，布局则显现出一个孩子思维的缜密程度，父母要想让自己的孩子养成清晰缜密的思考习惯，就必须从孩子小时候抓起。

在阅读的过程中，父母切记要引导孩子从整体上把握文章的结构，不要总是被某一个紧张刺激的情节或者一个幽默风趣的句子所吸引，否则孩子的阅读是事倍功半的。中国四大名著之一的《红楼梦》之所以饱受好评，赢得一代又一代人的追捧和研究，很重要的原因是因为它"草灰蛇线，伏线千里"，前面不经意的一个细节设置，都可能成为日后惜节发展的关键。父母要试着向孩子解读这种布局的精妙之处，提升孩子分析事物的能力，为孩子将来的阅读写作打好基础。

学会了文章结构布局的技巧，好处多多。首先，它能够让你的孩子展现出高超的阅读能力，即便是阅读同一篇文章，你的孩子也能够比别的孩子吸收更多的信息量，展现更多领悟能力。

另外，学会了文章结构布局的技巧，对孩子写作能力的提高也是大有帮助的。在写作文的过程中，许多孩子会觉得难以下笔，文章开头难，中间和结尾同样不知道该怎么运笔，这就是典型的结构布局能力欠佳的表现。结构布局能力强的孩子是不存在这种困扰的。

克服表达困难可以先从口头表达练起

我和皮皮常常在散步时互相讲述故事，我们引导他把每天的见闻叙述一下。把一件事叙述得清楚、流畅、生动，写作不过是将之转化为书面文字，解除孩子心理上的畏难情绪，多多练习就能表达自如了。

现在许多孩子在写作表达的时候，会存在难以下笔的窘境，面对一张空白的稿纸，怎么也开不了头，写不出自己想要表达的句子。

如果孩子有这种情况，作为父母就应该及时查找原因了，除了孩子天生不擅长表达之外，你自己在培养孩子的口语以及文字表达能力方面是不是也存在欠缺呢？许多父母见自己的孩子文字表达能力差，就将原因归结为阅读量不够或者归结为写作训练得太少，等等。事实上，我们应该看到，文字表达应该是以口头表达为基础的。说得出才能写得出。

很多父母十分注重孩子的口头表达训练，当我们带着孩子去亲朋好友家做客的时候，会要求孩子主动向主人打招呼，当主人热情地询问孩子的名字、年龄、就读学校的时候，父母不会自告奋勇地替孩子交代，而是让孩子自己汇报情况。等我们从亲朋好友家出来的时候，家长会主动询问孩子对这家主人的看法，家庭环境是否温馨，饭菜是否可口等，让孩子一一进行回复。千万不要小看了这些细节，从这一点一滴的训练中，孩子的口头表达能力和逻辑思维能力会逐日提高。等到有一天，老师布置一篇"我去某人家做客"这样的作文题目时，相信我们的孩子一定有内容可写，因为孩子经过口头表达的训练，知道怎样能够把生动形象的内容，有条理地记述下来。由此可见，口头表达能力是提高文字表达能力的助力。

而那些在日常生活中不注意对孩子进行这种专项训练的父母，可能要为孩子的文字表达能力头疼了。他们可能也有过作文题目中要求记述的经历和体验，但是他们表达不出来。要说的话很多，但不知道从何说起，也不知道怎么样才能表达得清晰完整。

中国有句话叫作"言为心声"，只有心中有所思，口中才能有所言。父母要想让自己的孩子流畅地表达，就得让孩子的头脑快速地运转起来，多让孩子表达对一件事、一个人的观点和看法，多与孩子交流，给孩子营造一个良好的交流氛围，相信你的孩子会爱上说话、乐于表达，文字表达能力也会飞扬于笔端。

广泛的阅读使语言多姿多彩

同样题目的文章，有的孩子可以将它写得文采斐然，有的孩子却写得味同嚼蜡。之所以会有这种情况，很大的原因在于前者有着丰富的词汇量，描述一个人、一件事的时候可以充分搜索自己脑海中的巨大的词库，从中选择最生动、最贴切的词汇来运笔成文，这样瑰丽辞藻形成的文字自然是高质量的。而那些词汇量不足的孩子在描摹事物的时候，受到词汇量的限制，会出现词不达意的现象，文章读起来也淡而寡味，引不起人们的情感共鸣。

也就是说，词汇量的高低直接决定了孩子写作能力的好坏。如何充实孩子的词汇量，让孩子写作文的时候可以信手拈来呢？唯一可行的办法就是增加孩子的阅读量。

俗话说，熟读唐诗三百首，不会作诗也会吟。书读得多了，对写作能力的提高是十分有帮助的。读得多才能记得多，记得多才能用得多。在《红楼梦》里，有关于"香菱学诗"的描述。香菱自幼与父母失散，孤苦伶仃，后嫁与薛蟠为妾，更是饱受欺凌，但是在这样的环境下，她仍旧有着一颗积极进取的心，她拜林黛玉为师，学习作诗的技巧。这时候，林黛玉并没有急于让她下笔去写，而是让她先将王维、杜甫、李白等诗歌名家的诗作潜心研读一遍，掌握他们的词汇和句式。林黛玉说，阅读了这些诗歌，香菱就能当"诗翁"了。

由此可见，阅读是写作的基础，词汇量是写作的关键，要想让孩子的写作能力有所提升，就不得不在阅读和词汇量上下功夫。

通过阅读，孩子会掌握多种句式的应用，学会多种修辞手法，借鉴其他作者高明的写作技巧，运用到自己的写作中来，不知不觉间，孩子的写作能力就大幅度提高了。

阅读、写作和观察三者是密切关联，相互促进的。阅读别人的作品，会唤起自己的生活经验和相似的感受，有时不吐不快。而写作实践又会让自己发现问题，明白所要攻克的困难，这又促使我们向优秀的作家作品学习。在学习的过程中，孩子能够培养自己对周围世界的敏感，学会发现，从而形成善于观察生活、阅读、写作的好习惯。

写作也是一种锻炼，写作水平是逐渐提高的。

皮皮在刚写作文时，根本不知道从哪里入笔。于是他就积极展开联想，不知不觉中就进入了状态，开始全神贯注地书写。在写完之后，皮皮发现不少内容都是来自于自己的即兴发挥。

这种能力来自平时阅读写作的积累。要敢于接受写作的挑战，精心写下一篇作文，就是一次进步，总有一天，会发生质的飞跃。相反，自设心理障碍，最终会被写作挡在门外。让孩子对写作充满信心，也会成为一种习惯。

第四章 数学不是练习算数，而是寻找方法，培养思维

——谈数学的学习

1. 把成人比下去的心算

数学是自然科学，是自然界中存在的各种规律的基础，我们人类源于自然，归于自然。研究自然，是为了更好地造福自然，越早掌握普遍的数学方法，孩子们就会越早找到与自然交流的语言。

你能快速算出"泰坦尼克号"下沉的那一天——1912年4月15日是星期一吗？你能算出人类第一次登上月球那一天——1969年7月20日是星期天吗？而美国遭受恐怖袭击的那一天——2001年9月11日则是星期二吗？我惊讶7岁的小孩子竟然能脱口而出算出某年某月是星期几，确实让我一阵惊讶，这就是把成人比下去的心算。我身边有很多孩子对数字特别敏感，大脑对数字的运转速度赶得上计算机，我们习惯称这样的孩子是神童，后来才发现其实不然，这种神奇的运算方法也是后天训练的结果。这是一种心算方法，也叫口算，是一种只凭思维及语言活动不借任何工具的计算方法。它能培养孩子迅速计算的技巧。口算熟练后有助于笔算，且便于在日常生活中应用。

科学研究表明，右脑的知识存储量是左脑的100万倍。左脑的记忆为"死记硬背"，遗忘率很大；右脑的记忆是"形象记忆"，它通过对物体形状、功能类型的辨识，有利于创造性思维和长久记忆。左脑是"理性脑"，主要功能是说话、理解文字、数学、逻辑思维，以"理"为依据循序思考；右脑是"感觉脑"，具有类别、图形、空间、形象、音乐、综合分析等认识能力，是主管形象思维、想象力和创造力的"创造脑"，被喻为"充满创造欲和浪漫色彩的发明家、诗人、音乐家"。左右脑又是互相联系的，左脑的功能依赖于右脑，右脑是左脑功能发展的基础，是左脑功能飞跃的动力。因此，世界各国的儿童专家学者长期共同致力的研究课题就是如何开发孩子的右脑，提高右脑的利用率。据观察分析，心算能起到很好的开发右脑的作用。

神奇的心算

心算的原理在于，孩子凭借内化了的"符号"在头脑中快速高效地进行计算。听到数字后，孩子可以迅速对数字产生一个符号，从而用这个特定的符号参与运算。比如当左脑听到数字1，传递到右脑浮现一个符号，当左脑再听"＋2"时，传递到右脑浮现一个符号，当左脑再听到"＋2"时，传递到右脑浮现三个符号，右脑形象思维的结果传递到左脑就是"1＋2＝3"，这样左右脑反复交替运作，使左右脑平衡发展，特别是当孩子进行类似三位20笔加减、144384÷376、7658×2876这样复杂的心算时，符号在脑中飞速跳跃进行脑像运算，有效激活右脑的脑细胞，使右脑得到显著开发。

心算与数学相近，对孩子的思维帮助很大，学习心算可使孩子左右脑平衡发展。训练孩子视觉、听觉、触觉的适应能力和口、眼、脑、耳、手协调能力。易使孩子树立自信心，逐步养成严谨的学习习惯，防止依赖和侥幸心理。通过手指有规律的操作，帮助大脑记忆，可迅速提高孩子记忆能力、计算能力和观察能力。把形象思维与逻辑思维交织在一起，使孩子大脑处于最佳状态，激活被闲置的脑细胞，孩子学习易见成效。使孩子学习集中注意力，增强其领悟能力、判断能力，通过掌握心算的计算规律，举一反三，学习数学以外的学科比同龄的孩子快得多，起到"一科学习，多科受益；一科突出，多科优异"的效果。

在生活中学习心算

谁都不愿意自己的孩子输在起跑线上，于是市场上五花八门的心算培训班也是熙熙攘攘，我也曾试图让孩子去培训班接受所谓的专业训练，后来发现孩子带着情绪去，从一个课堂到另一个课堂，感觉身心疲惫，光是记了一些心算的所谓技巧，不懂得在生活学习的实践中运用。其实心算本来就源于生活，买菜、做数学题，甚至规划自己的时间，如何节约用钱，都用到了心算知识。我开始自己也有意识地培养自己的心算能力，和孩子一起在生活中学心算。对于心算应该做到，随时随地一有机会就进行自我训练，其实用心发现每天训练的机会是很多的。

由于不想让皮皮一个人待在家里，我傍晚去超市买菜的时候都会带着他。超市蔬菜区的指示牌上每天都会有各类蔬菜的具体报价，而且，价格为整数的蔬菜很少。

为了训练皮皮的口算能力，我对皮皮说："豆角三块五一公斤，我买七两半，你知道应该多少钱吗？"

听到这话，皮皮不屑地说："称重那里不是有电子秤嘛，这里又没有纸笔，干吗要让我费脑子算。"

"可是脑子不用就生锈了啊！"我说，"而且，如果你能口算出来，我准备奖励你一块巧克力呢。"

听到有奖励，皮皮顿时来了兴致，他开动脑筋，很快就给出了答案，跟我们在称重处得出的数字完全一样。我感到十分高兴，并按照承诺给他买了巧克力。

后来，皮皮就养成了买菜时口算菜价的习惯，他不再为了得到巧克力而口算，而是为了证明自己非凡的口算能力而算。每一次，看到价格标签上的结果和自己的口算结果相同时，他都会欢呼雀跃。

这让称重处的服务员感到十分惊奇，她时不时地会夸奖皮皮一两句，有时候，还对后面排队的顾客说："你们看，这里有位小神童呢！真聪明。"这让皮皮感到十分受用，他不再感觉口算辛苦，反而乐在其中。

后来，我有点厌倦了这个游戏，便对皮皮说，不如我们以后只算当天要买的菜价吧，比如我今天要买茄子和豆角，你就只算这两样就好了。

皮皮反而拒绝我说："那可不行，我要把洋葱、白菜、花椰菜的价格都算了，那才有成就感。"

要培养孩子养成好的习惯，心算和语文一样，是生活学习工作的工具，而不是负担。

2.　好玩的数学题目

生活无处不数学，从简单的三岁就玩儿的走迷宫，到流行世界的数独，都是数学带给人们的乐趣，我们为何不引导孩子把数学题目本身当作游戏呢？

2002年夏天，国际数学大会在北京召开，著名数学大师陈省身教授给广大青少年数学爱好者题词"数学好玩"。数学真的好玩吗？对于大多数的孩子来说，数学枯燥难懂，一点也不好玩。

真的不好玩吗？其实，我们平时爱玩的九连环、七巧板等益智类游戏都是由数学衍生而来的。当然，我们对数学不见得有陈老先生那样的执着和痴迷，但是让孩子喜欢数学、爱学数学并不是一件很难的事情。在生活中如何激发孩子数学学习的兴趣，如何使孩子产生兴趣去主动探索数学的奥秘、感受数学的魅力、体验数学学习过程中的成功和喜悦呢？

把学数学当作玩游戏

没有一个孩子不爱玩的，把学数学当作游戏，那么学数学也就容易了。

在皮皮上幼儿园时，我们就开始做数字游戏，玩纸牌。我也花费了很多心思，把卡片裁成各种形状写上数字，像扑克一样一张一道数学加减法，让皮皮和小伙伴一起计算，谁算得准确谁得到这张牌，谁得到的牌多谁就是胜利者。

我还和皮皮"逛大街"，用钱买东西，拿多少钱能找回多少钱，皮皮很喜欢玩这样的游戏，我也会出其不意地拿点小礼物送给皮皮。我习惯对皮皮说："你真棒""你真了不起"。皮皮因此也对数字很感兴趣。

上学后我就引导皮皮做一些比皮皮学校学习内容稍复杂一点的知识，有一天，皮皮告诉我他发现了乘法口诀的规律，我一阵惊喜。

$1 \times 9 = 9$

$2 \times 9 = 18$

$3 \times 9 = 27$

$4 \times 9 = 36$

$5 \times 9 = 45$

$6 \times 9 = 54$

$7 \times 9 = 63$

$8 \times 9 = 72$

$9 \times 9 = 81$

皮皮说，得数十位上的数列是123456789越来越大，个位上的数纵列是越来越小987654321。我高兴极了，那天我特意带皮皮去吃了一次肯德基，皮皮也像一个打了胜仗的骄傲的将军。孩子学习的兴趣和自信也就在这样不断地学习和尝试中增长了起来。

有趣的数学在生活中无处不在，父母要抓住机会，适当地对孩子进行相关方面的训练，让孩子在游戏中完成计算，而不是让孩子一想到数学，就是满纸密密麻麻的运算题。数学计算是需要反复练习的，但是这并不代表父母一定要用"题海战术"对孩子进行夹击，更好的办法是为孩子创造一个饶有趣味的数学场景，增加孩子的兴趣和好奇心，让孩子自主自愿地想去一探究竟，就像猜谜语一样，通过自己的努力探索，找到问题的正确答案。

很多时候，孩子们不喜欢数学，并不是对计算有天生的抵触和排斥，而是孩子不喜欢老师和父母强行地向他们布置大量的作业和练习题，那些千篇一律的题型和毫无创意的题目让孩子头疼不已。许多人曾经对我们前些年的数学题目产生过非议。比如说，有道数学题的内容是这样的。

一家游泳中心水池有两根进水管和一根排水管，甲、乙两个进水管单独开，注满水池分别需要20小时和16小时。丙水管单独开，排一池水要10小时，若水池没水，同时打开甲乙两个水管，5小时后，再打开排水管丙，请问在这种情况下，还需要多久才能将游泳池注满？

相信类似这样的题目对于广大学生和家长来讲已经不陌生了，很多做惯了练习题的孩子们甚至不假思索就可以列出它的答案：

1/20+1/16＝9/80表示甲、乙的工作效率

9/80×5＝45/80 表示5小时后进水量

1−45/80＝35/80 表示还要的进水量

35/80÷（9/80−1/10）＝35 表示还要35小时注满

答：5小时后还要35小时就能将水池注满。

这道题本身并没有什么问题，我们也能理解出题人的用意。但问题的关键是，同样的公式和原理，我们非要这么来考吗？要知道，孩子的思维远比我们丰富得多。皮皮有个表姐，比皮皮大几岁，她跟我说，她的老师在课堂拿出这个题目让学生计算的时候，许多学生表示了反感，同学甲气愤地说："现在水资源这么紧张，这样浪费太不环保了，管理员太失职了！"同学乙则："哪有人会这样放水呢？简直太不可思议了！"

父母不要把孩子当成计算器，让孩子学习数学并没有错，但是一定要找到正确的方式，让孩子乐意去学习，乐意去计算，培养孩子缜密的数学逻辑思维，才能真正把数学学得好。

有意识地给孩子讲一些数学故事

有趣的数学故事不但能牢牢地吸引孩子的眼球，还会让孩子在不知不觉中开

动自己的大脑，更一举两得的是也培养了孩子阅读的能力。例如这样一个故事。

伽罗华是法国的数学家，19世纪杰出的数学天才。他生于法国巴黎近郊布伦的一个小村子里，因决斗而卒于巴黎。

鲁柏是伽罗华的好友。一天，伽罗华得知鲁柏被刺的不幸消息，急忙奔赴探询。女看门人告诉伽罗华，警察已勘察过现场，没有发现其他线索，只是看到鲁柏手里紧捏着半块没有吃完的苹果馅饼，令人费解。她认为作案人可能就在公寓内，因为案发前后，她一直在传达室，没有看见有人进公寓来。可是这座四层楼的公寓，每层有15间房，住着100多人，情况比较复杂，这可能是警察到目前还未能破案的原因。

伽罗华思索着。最后请女看门人带他到三楼，伽罗华在314号房门前停了下来，问道："这房间是谁住的？"女看门人答道："米塞尔。"

"这人怎样？"

"他爱赌钱，好喝酒，昨天已经搬走了。"

"这个米塞尔就是杀人凶手！"伽罗华肯定地说。

女看门人非常惊奇，忙问："有什么根据？"

数学家分析说："鲁柏手里的馅饼就是一条线索。馅饼英语叫Pie，而希腊语Pie就是 π，即通常说的圆周率。人们在计算时，常取 π 的近似值3.14。鲁柏是一位喜欢数学，善于思考的人，临死时他想到用馅饼来暗示凶手所住的房间，也是他善于动脑的最终体现。"

根据数学家的分析，警方经过侦察，最后逮捕了米塞尔。经审讯，米塞尔承认因赌博输钱，看到鲁柏家里汇来巨款，遂生杀机。

一提到数学，孩子们首先想到得一个词大概就是"枯燥"。在语文学习中，一句话换一个说法，调整一下句式，或者主语谓语颠倒一下，意思可能还是相同的，但是数学则不然。数学是一门逻辑思维严谨的学科，差之毫厘，就会谬之千里。

　　数学的内容是严谨呆板的，但是数学的形式却可以千变万化、精彩纷呈。如果仅仅因为数学答案的单一性和固定性而将其定位为一个呆板的、毫无生气的学科的话，就大错特错了。历史上那些著名的数学家，或者在数学领域里取得非凡成就、有所心得的人，即便外表看起来很古板，他们的内心也是丰富活泼的，数学家讲的笑话可能要比文学家的笑话更幽默，更有"技术含量"。

　　有时候父母企图给自己的孩子讲述一些数学知识的时候，会得到孩子的推搪，孩子总是有这样或者那样的借口，阻止父母将话题进行下去，于是数学知识的普及也便戛然而止了。我给皮皮讲数学知识则不然，我多数采用故事的形式，皮皮非但没有表示出不满和厌烦，反而睁大眼睛期待我赶快讲下去，因为他想知道这个"侦探破案故事"的最终答案。其实这是一些变了相的数学知识，当它以故事的形式出现的时候，就引起了孩子莫大的兴趣。

　　因此作为父母，我们要适当地为孩子搜集整理一些有趣的数学故事，让孩子充分感知数学的趣味，提升孩子对数学的兴趣。

3. 引导孩子用数学的眼光观察周围事物

在琐碎平凡的生活中处处充满着数学知识，父母就应该更贴近生活，循循善诱，让孩子从自己的身边体验着处处有数学，来感受其中的乐趣。

不同阶段的孩子对数字的敏感度是不同的。孩子认识了数字4以后，父母可以拿出一些实物，让孩子自己从中拿出4个，或者让孩子寻找家中有哪些物体可以用数字4来表示，汽车有4个轱辘，桌子有4个腿，门有4个角……孩子眼中4就变得有趣起来，虽然东西不一样，但孩子的视野却开阔了许多。数量都是"4"，可以用数字"4"来表示，也可以用其他别的来表示，这使孩子进一步从具体的事物中掌握抽象的知识。

又如孩子在学了圆形后，父母可问孩子："你认识了圆形，家里有哪些东西是圆形的？""桌面是圆形的，碗是圆形的……"家里的鱼缸是圆形的似乎又不是圆形的，怎么办啊？"用尺子量。""对，就用尺子量。"在父母和孩子的讨论下，再对新发现的圆形进行测量。这样不仅可以逐步培养孩子动手学习的能力，巩固在学校中所学的知识，还可以使孩子感受到数学就在自己身边，产生浓厚的学习数学的兴趣。

引导孩子从生活中发现数学

学数学可以很好地培养孩子的生活习惯。生活中每时每刻都要用到估算，在上学的路上需要花多少时间以免迟到，写作业大约需要多少时间，怎么合理安排休息和娱乐的时间等。让孩子学着计算，不但能发展智力，还能激发孩子解决问题的兴趣和能力。父母还可以培养孩子的主人翁意识，让孩子安排家庭一个月的费用，怎样做能节省钱。让孩子学着去交水电费用，无形中使孩子从生活中发现数学的素材，感受生活中处处可以用到数学知识。学习数学如果身临其境，就会产生亲切感，有利于快速接纳新知识，比如父母可以让孩子观察家中的物品，找出几道乘法算式，或者让孩子计算家里一天的生活费用，或者记录一天做每件事所用的时间，有意识地寻找、发现生活中的数学问题，把抽象的知识形象化，有助于孩子理解，同时能用所学的知识解释生活中的现象，也培养孩子收集处理信息的能力、观察能力和实践能力。

　　周末休息的时候，我和皮皮的爸爸有时候会一起带着皮皮去儿童游乐园玩。每每听到这个消息的时候，皮皮总是显得很兴奋，恨不得一步就赶到那些旋转木马和过山车面前。皮皮的爸爸看出皮皮的这个心理，所以他总是很早就起床，陪着皮皮一起洗脸刷牙吃早饭，然后坐在客厅等我。

　　大概每个妈妈都是家庭出游时拖后腿的那一个，我也不例外。皮皮和他爸爸坐在沙发听广播的时候，我却还在梳妆台前忙碌着。

　　皮皮帮我算了一笔账，洗脸刷牙需要五分钟，吹头发做造型需要三分钟，化妆需要二十分钟，化好妆换衣服需要三分钟，换好衣服发现妆花了，头型乱了，重新整理头型、补妆需要五分钟，总共需要三十六分钟。

　　"这样太浪费时间了，"皮皮说，"妈妈的梳洗时间安排得一点也不合理，她本来能节省不少时间呢，全是梳洗的先后顺序不对。"

　　"那你有什么办法能让妈妈快一点呢？"我问皮皮，"妈妈也不想耽误你和爸爸的宝贵时间呢！"

　　"妈妈按照我说得做就能节省不少时间，"皮皮说，"首先，妈妈要洗脸刷牙，需要五分钟。接着妈妈不要着急吹头发化妆，而要先把出门的衣服穿好，这个需要三分钟。穿好衣服之后妈妈可以坐下来化妆，化妆的同时我和爸爸可以帮助妈妈吹头发，这样的话，化妆造型加起来就只需要二十分钟了，而且还可以避免妈妈穿衣服的时候把妆弄花以后的补妆时间，算下来一共需要二十八分钟，整整省了我们八分钟呢！"

　　"呵，"我说，"皮皮真小气，区区八分钟也跟妈妈计较。"

"妈妈不能小看这八分钟哦，"皮皮不服气地说，"八分钟够做好多事呢，我的旋转木马可以转两圈了！"

"是是是，"我只得向皮皮道歉，"妈妈下次一定注意，为了我的皮皮节省时间。"

皮皮的爸爸不禁感叹："我们皮皮真厉害，这就会初步统计学了！"

生活中总有数学的存在，只是我们已经习以为常，感受不到。父母要提高自己对数字、数学的敏感，引导孩子去发现、解决数学问题。

开展家庭竞赛

数学知识竞赛以记忆式知识为主，智力竞赛以开动脑筋为主，比如脑筋急转弯、速算、数学智力题，等等，都可以作为竞赛的选题。竞赛的方法多种多样：必答、选答、抢答，口述、手写、动作，记分、淘汰、小奖品，利用饭后、学习后的休息时间或节假日，都可以进行。竞赛的准备过程就是学习知识、发展智力的过程。父母要有热情，也要注意平时对相关题目的收集。这项活动还可以针对孩子在学习数学过程中的弱点进行，不但可以激发孩子学习数学的兴趣，而且弥补了学校里紧张的竞争气氛，容易让孩子在轻松愉快的环境中学习，以此扩大知识范围。

我和皮皮的爸爸就经常在皮皮的课业之余，为他组织趣味家庭知识竞赛。我、皮皮的爸爸还有皮皮三个人轮流做评委。负责当评委的那个人需要在上一场比赛之后、下一场比赛之前搜寻到比赛所需的题目。其余的两个人则要通过"必答题""选答题""终极PK题"等环节的考验，选出最终的获胜者。

我们的题目并不难，但是相当有趣味性，并且与生活息息相关，从日常生活中常见的东西入手，去搜集或者制定竞赛题目。比如说，皮皮做评委的时候，曾经给我和皮皮的爸爸出过一个题目。他是这样描述的："爸爸妈妈经常抱怨停车场车位太紧张，等不到车位，我却看到那里有不少摩托车、三轮车违章停放在那里，于是想起一个很有意思的题目：停车场里总共停放着7辆摩托车和三轮车，两种车的轮子加起来共有27个，请问爸爸妈妈能根据轮子数知道停车场里停放着几辆摩托车、几辆三轮车吗？"皮皮能够开动脑筋想出这么创新的题目，令我和他的爸爸都很欣慰。

在竞赛中，我和皮皮的爸爸以及皮皮，我们的身份是对等的，每个人都有当评委和参赛的权利，赛制也是公平、公开、公正的，如果皮皮表现得好，他就有权利让我们答应他一个要求，有时候是买一件心爱的篮球衫，有时候是想要一张游乐园的门票，有时候是想买一套儿童读物。我和皮皮的爸爸从来不会食言，我们会像承诺过的一样给他这些奖赏，即便这要花费我们一些钱或者时间。而如果我们三个人中的任何一个表现欠佳，就要受到相应的惩罚，失利的选手有时候需要包揽下洗盘子拖地等家务，有时候则需要为大家唱一段儿歌、戏曲或者流行乐。即便我们是大人，也从来不会因为自己的面子而违反比赛规则。记得有一次，皮皮的爸爸输掉了竞赛，他就不得不为皮皮唱一段曾经很热门的韩国童谣《三只熊》，当他粗哑的声音唱起那么甜美可爱歌曲的时候，我和皮皮不禁笑弯了腰。

我们的竞赛举办得并不像想象中那么频繁，每个月只有一两次，但是正是因为时间间隔久，当评委的那个人才有时间去搜集一些相对更好玩更有意思的题目，我们竞赛题目的含金量才能有保障。

父母不妨也为自己的孩子开办这样一个有意思的智力比赛，父母和孩子的互动能够调动孩子的积极性，让孩子爱上学习。

4. 千万不要记忆公式

学数学是为了了解自然，探索规律。公式是前人探索自然的成果，我们有何理由不享受那探索的过程，学习探索的方法呢？就像亲手操作了实验一样，理解了过程就更能独立地应用实验的方法和结论。

一位教育专家讲过一个这样的例子，一群中国和美国孩子在一起做一道数学题——$9 \times 9 = ?$ 这对于中国孩子来说简直太小菜一碟了，因为他们都熟记九九乘法表，所以很快就给出了答案。而美国孩子却拿出一张纸，在纸上横竖画起了点点。虽然得出正确答案的时间较长，但他们在动手过程中把抽象的数学形象化，在探索中得出的答案会终生难忘，由此获得的学习乐趣是背九九乘法表所无法比拟的。最重要的是，他们从小学会的就是解决问题的方法，这将受用一生。如果我们一味地让孩子死记硬背数学公式，孩子便会失去对知识探索的冲动和乐趣。

教育家钱伟长先生在他关于教育问题的文章中提倡思考理解，反对死记硬背。他指出："干什么事情都要得法，得了法才能达到预期目的。在学习上懂得了'勤奋'，做到了'努力'，也还必须得法。这个法很简单，那就是要'弄通'，要'理解'，切不要死记硬背。死记硬背的东西是没有用的，也是不可能记得牢的。"

我们一贯的学习方法都是套公式，如果将数学教学仅仅看成是熟练的应用公式，那么就大错特错了。学数学是为了了解自然，探索规律。公式是前人探索自然的成果，我们有何理由不享受那探索的过程，学习探索的方法呢？就像亲手操作实验一样，理解了过程就更能独立地应用实验的方法和结论。而掌握了数学的思想方法和精神实质，就可以由不多的几个公式演绎出千变万化的生动结论，体验到数学和知识无穷无尽的威力。

可能有人会说，我们学了多年的微积分等数学知识，在生活中用到的概率微乎其微。但是学习数学带给我们的数学精神，探索事物的能力以及严密的逻辑性对我们在社会中的生存和发展是非常重要的。如在学校教数学的老师大多数会比文科的老师严谨，这就是数学带给人的神奇力量。我们的目的是要培养全面发展的孩子，而不是一个做考试数学题的机器。所以引导孩子活学数学尤为重要。

是不是每个孩子都能领会数学的精神和方法呢？可能我们都会摇摇头。因为我们一直把概念和定义作为命根子，而忽视了现在看来美不胜收的一些重要的数学理论和方法，在一开始往往很是混乱、难以理解甚至不可思议的，经过许多乃至几代数学家的努力，有时甚至经过长期的激烈论争，才逐步去粗取精、去伪存真，最终才出现了现在为大家公认的系统的理论。

父母也要想办法创造一种环境，使孩子身临其境地加入数学的发现或创造过程中，鼓励孩子靠自己独立思考、反复钻研并相互切磋，去形成相应的数学问题，进而分析问题的特点，寻求解决问题的方法，得到有关的结论，并判断结论的对错与优劣。只有让孩子亲口尝一尝食物的滋味，亲身去体验一下数学的推导过程，才能让孩子体味到亲自动手、动脑后获得成功的喜悦，从而激发孩子的学习兴趣。否则，我们培养出的孩子，习惯于一种依赖，总认为任何事情都会有一种现成的、不需要思考拿来就可以用的法则，缺少了独立思考的能力。

在家庭教育中，要特别注意培养孩子在学习过程中知其然知其所以然的习惯。当然家庭教育不可能像在学校一样系统，聪明的父母可以把一些好的数学思想在潜移默化中，传递给自己的孩子。

转化猜想

对于一些几何图形的指导，父母可以让孩子玩七巧板这样的数学游戏。可以有意识地引导孩子去拼个正方形，再拼个长方形，还可以做个梯形。"梯形可以转化成我们学过的什么图形推导出它的面积公式呢？"这种猜想既调动了孩子的学习兴趣，又培养了孩子的创新思维和创新意识，也不会给孩子增加无谓的负担。

皮皮刚开始学到计算图形面积之类数学题目的时候，显得有点力不从心，规范的图形倒还好，一遇到那些多边形、不规则图形，皮皮就开始犯怵了。于是他心里开始有些抵触这一类题目。这也难怪，像皮皮这么小的孩子，想让他一时间就娴熟地计算各种各样的图形，着实有些为难他。我知道皮皮是个聪明的孩子，于是鼓励他只要学习方法得当、勤加练习，他是完全可以驾驭这类题目的。

我发现，皮皮的问题在于不怎么精通"转化猜想"，在他年幼的心思中，三角形就是三角形、正方形就是正方形、多边形就是多边形，那些拆拆补补、组合新图形的方法他暂时还没有掌握。

为了让皮皮更为直观地领会各图形之间的关联，让他熟知各图形之间的转化技巧，我给皮皮准备了一套类似"七巧板"的教学拼图。我没有一开始就告诉皮皮这是帮助他学习的，而是告诉他这是一个很好玩的益智游戏，听到这话，皮皮很感兴趣。我把这些拼图拼成一个梯形，然后拿给皮皮，问他是否可以把这个梯形拆分开，再组合成一个其他的图形。

皮皮抱着试试看的心情接过拼图，结果，他很轻易地就将梯形左边的三角形拿下来，倒着拼到右边，组合成了一个长方形。

"妈妈，你快看，我这么容易就成功了！"

"呵呵，皮皮果然是好样的。可是只能拼成长方形吗，你还能不能拼成其他图形？"

皮皮又埋下头，开始试验，结果，皮皮成功地拼成了三角形、四边形等其他图形。

接着我又拼成其他更复杂的多边形，让皮皮逐一组合成其他图形。皮皮一边玩，一边探究，乐此不疲，他发现几乎所有看起来很复杂的多边形都是由一个个简单的图形构成的。这个新发现让他倍感欣喜。

"这个游戏好玩吗？"我问皮皮。

"太好玩了！"皮皮笑着回答我。

"通过这个游戏你能受到什么启发吗？"

皮皮沉默了半晌，豁然开朗："对了，下次再计算多边形面积的时候，我可以把它们折成三角形、正方形等常见图形，分别计算，再把结果加起来就可以了。"

"皮皮真聪明。"我夸奖他道。

掌握了这个转化要领，皮皮的问题解决了。从此以后，皮皮的数学成绩大有起色。

鼓励"瞎想"

数学是一个神奇的大花园，其中有很多未知的路需要我们探索。我曾经遇到过这样一个事例：孩子解题时使用的方法和培训班老师教的方法不一样，虽然结果是对的，但是老师在判卷时依然给这个孩子扣了分，说他是瞎蒙的答案，从此这个孩子只听这个数学老师的解题方法。这是多么可怕的扼杀！父母一定要鼓励孩子寻找不同的解题方法。世界著名数学家、物理学家高斯小时候是从来不听课只是淘气，在一次偶然的机会，老师出了一道算术题：$1+2+3+4+\cdots+50＝$？不到5分钟，高斯就举手说出了问题的答案，老师高兴地肯定了他的速算方法，还为他专门量身定做了一套学习数学的方案。正是因为老师当时不拘一格爱人才，才成就了高斯。

皮皮小时候，像所有孩子一样热爱发问，在他的小脑袋瓜里，总有各种各样、千奇百怪的问题等待着妈妈的答案，比《十万个为什么》还多。虽然我是成年人，但是我仍旧不敢保证自己知道皮皮的所有问题的答案，而且皮皮的很多问题在人类已知的科学领域，都是尚且无解的。

　　我始终想不通皮皮是怎么样想到这些稀奇古怪的问题的，他的人生阅历还很浅薄，知识面也较狭窄，要想到那些成人们都搞不明白的问题，真够难为他的。后来，通过跟其他父母的沟通了解，我才知道原来大多数孩子都存在"瞎想"、"瞎问"的特点。

　　比如说，皮皮经常会莫名其妙地说："妈妈，咱们楼下冬青的绿树叶太单调了，一年四季都是一个样子，我能不能想个法子让它们变成蓝色的呢？"

　　我说："可是树叶里面含有叶绿素，它们都是绿色的啊。"

　　皮皮不甘心地说："那我能不能发明一些公式，改变一下它们的基因结构，或者我制作一些特殊的药水，把它们染成蓝色呢？"

　　我说："皮皮的想法是不错，但是这些公式和发明都是很难的，皮皮首先得好好学习，增加知识，等以后长大了就可以去发明了，现在可不能破坏那些树叶，皮皮要爱护环境。"

　　面对皮皮的这些问题，我从来不打击、压制，反而鼓励他去"瞎想"。即便他的一些想法不是十分正确的，经过一些失败的思索，我相信他一定能找到一条正确的路。当然，如果皮皮的问题实在不着边际，我就会好言相劝，告诉他自己的想法是不正确的，然后引导他走向正常的思维轨道。

　　碧姬·拉贝和米歇尔·毕奇写过一本书，名字叫作《关于人生的哲学点心》（中译：《写给孩子的哲学启蒙书》），其中就有鼓励孩子敢于发问、鼓励"瞎想"的相关论述，我觉得他们说的是很有道理的。

　　玫瑰花有蓝色的，树叶为什么就不能有蓝色的？在热带、在雨林甚至在人迹罕至的沙漠，说不定就有这样颜色的树叶存在。或者，也许有一天，我们的科技发达了，更多的树木品种得以培育，会出现蓝色、橙色、紫色等五颜六色的树叶也未可知啊。

操作验证

　　弗赖登塔尔说："学一个活动最好的方法是做"。这里的做就是指操作。

皮皮还小的时候，有一次我把一个饮料瓶剪开，又合住。我对皮皮说我会变戏法，当时只是游戏，皮皮已经学了圆柱的面积，竟然跟我说："妈妈，我这回知道你变魔术的奥秘了，圆柱的侧面积其实就是一个长方形。"

这就是一种情景教育，教育影响会在特定的时刻被某种现象引起。在家庭生活中，父母应该创设一些让孩子可以动手做的教育情景，加深孩子的印象。

"纸上得来终觉浅，绝知此事要躬行。"实践活动能够使理论得以验证。如果只是让孩子坐在那里凭空想象，思维将永远是凝固的、缺乏生气的，亲手实践、实验能够让孩子发现思维的不足之处，更好地完善自己，并为以后的思考提供一些借鉴。现在许多学校已经越来越重视孩子的手工课，从根本上说就是这个目的。

在孩子的世界里，有许多新鲜事物等待着他们来发掘，与其把我们的经验一板一眼地直接照搬给孩子，不如适当地放手，让孩子自己动手操作起来，实际经历过的东西总比听来的经验印象要深刻得多。操作验证是启发孩子发散思维，增强孩子学习主动性的一种必备的方法，父母应该注意对孩子该方面的培养。

观察比较

教会孩子综合概括的能力，学着让孩子找出数字、图形之间的联系，还要充分给孩子"说"的机会，以培养孩子语言的条理性和准确性，促进孩子思维的逻辑性和创新性。即便孩子是在做游戏，也要尝试让孩子总结经验，发现其中的道理或奥秘。

皮皮自己玩的时候，总是一边玩一边自己和自己说话："小三角和小方块是房子""虫子爬过来，画了一幅画"……我发现孩子的语言那么丰富，后来我鼓励皮皮自己给小玩具当老师，想起什么就大胆地像老师那样说出来。通过这个过程，皮皮的语言表达和综合概括能力都有了明显的提高。

5. 错误都出在小地方

几十万根导线即使只有一根搭错了，火箭就上不了天。不拿着放大镜寻找蛛丝马迹，最高明的侦探也难破疑案。从小就告诉孩子，你面对的问题越大越难，你就越需要注意细节，以免功亏一篑。而是否注意细节，往往来源于习惯。

1962年，美国发射了一艘飞往金星的"航行者一号"太空飞船。根据预测，飞船起飞44分钟以后，9800个太阳能装置会自动开始工作，80天后电脑完成对航行的矫正工作，10天以后，飞船就可以环绕金星航行，开始拍照。出人意料的是，飞船起飞不到4分钟就一头栽进大西洋里。这是什么原因呢？后来经过详细调查，发现当初在把资料输电脑时，有一个数据前面的负号给漏掉了，这样就使得负数变成了正数，以致影响了整个运算结果，使飞船计划失败。一个小小的负号，竟使得美国航空航天局白白浪费了一千万美元以及大量的人力和时间。

牛顿曾经说过："在数学中，最微小的误差也不能忽略。"可是很多孩子在学习数学过程中表现出粗心的习惯。孩子粗心受诸多因素影响，其中有遗传因素，有些孩子对感觉刺激的敏感性较差，而注意力又容易受干扰。也有知觉习惯的因素，对知觉对象的反映不完整、分辨不精细。还有兴趣的因素，对感兴趣的事情比较仔细，对不感兴趣的事情马马虎虎等。最令人伤脑筋的是粗心会变成一种行为方式，演变成凡事都冒冒失失、粗枝大叶，成为真正的"马大哈"。那么，怎样才能改善孩子的这个坏习惯呢？数学是一门逻辑性很缜密的科学。学习数学也为改掉孩子粗心的毛病提供了一个契机。

我一度要求皮皮的数学计算速度，后来发现一个问题，皮皮的草稿太草了，给他一张白纸，拿过来就开始往中间写，然后就东写一块西写一块，有时候好几块的内容都重叠到一起了，问题就随之而来了，重叠到一起后，他还能看清楚自己写的是什么吗？一堆杂乱无章的文字放在一块，很容易视觉混乱，所以就经常会看错。

我也意识到，这样会忙中出错。我就跟他说："对待草稿，也要像你做作业、考试一样，建议你从上往下，从左往右，写整齐点，这样不会出现写着写着内容写到一起去，也就不容易看错了，而且检查的时候，能很容易在草稿上找到相应的地方。"皮皮觉得我说得有道理，也乐于接受，可是一下子习惯又改不过来，所以我就会小声给他提醒，慢慢地他的草稿变得比以前整齐多了，同时也减少了因为看错、写错导致的错误。

经过一段时间的强化提醒，让他在意识里形成这样一种细致、有序习惯，后来我不提醒他，把打草稿也很整齐了。事实表明，这种方法很是奏效，对待草稿都很细心的人，考试能不细心吗？所以数学成绩能上去也是自然而然的事情。

细心是一种能力，是一种心理素质，也是一种习惯，是完全可以有意识地培养的。它与人的性格有关系，但不是天生的，一切习惯都是后天形成的。习惯的养成，不是一朝一夕的事，是持之以恒的结果。如果我们一遍一遍地说孩子粗心，其实是在强化孩子的粗心，孩子听得多了，他就会认为自己就是这个样子了，这样一来，孩子的粗心真的就会越来越严重。如果我们反过来做，在孩子偶尔不粗心的时候马上表扬他，强化他的细心意识，这样慢慢地他就会向着细心方向发展了。一段时间后，让孩子感觉到自己其实是可以很细心的。慢慢地细心的好习惯也就养成了。

对于孩子数学的学习，父母可以给予一定的指导，从中培养孩子细心的好习惯。

要养成"有序"和"有条理"的习惯，培养孩子的细心能力

考虑到孩子的心理还不成熟，从思想上给孩子灌输大道理是不会听的，即便听了，也不会往心里去，我们要从孩子身边的小事来要求孩子。比如要求孩子每天整理自己的房间、收拾餐具，洗漱的物品做到"物归原处"。做家长的要不断地提醒、指导，并配以适时和恰当的鼓励。一个习惯的形成要经过多次重复，有时需要你反复与孩子一起做同一件事。著名教育改革家魏书生老师对学生有几个一分钟的要求：一分钟运动、一分钟家务，其实就是在简单的重复中培养孩子的认真、坚持、耐心和细心。在生活中做到了细心，你就可以把这个办法转移到孩子的学习上。培养孩子看到数学题目不要马上动笔，要看清题目的要求，这样可以防止答非所问。答题时，不可挑三拣四，而要按照一定的顺序一题一题的往下做，不要遗漏重要的条件和数量，需要验算的题一定要验算。最后是解答，在做数学题时一定要注意运算的正确。久而久之孩子细心的习惯也就养成了。

排除干扰，是培养孩子细心不可少的因素

如果孩子在专心做题时受到过多的干扰，就会心绪烦乱，情绪不稳，极易涣散注意力，很难做到全神贯注。为了让孩子能够专注地做题目，父母要给孩子创造一个良好的学习环境，使孩子能够集中注意力。不要让孩子边写作业边玩耍，也要适当地向孩子传授一些记忆和学习的心理学知识，教会孩子懂得自我调节，找到适合自己的学习实践。孩子一旦能够在相对安静的环境中专注地做数学题目，那么粗心导致的错误概率一定会越来越少。

在出生的时候，每个人的天资相差并不远，但是随着年龄的增长，学习的深入，阅历的加深，有的人学富五车，取得了不凡的成就，有的人却碌碌无为，终此一生。一个人能否取得成就和专注程度有很大的关系。中国古代有个《学弈》的故事，讲的就是这样一个道理。

弈秋是举国闻名的擅长下围棋的人，许多人慕名前来，想拜他为师，学习下棋的技巧。弈秋从中挑选了两个徒弟，教授他们相关的围棋技巧。其中一个徒弟

很专心，弈秋讲授的内容，他会专心致志地聆听，并且默记于心，后来也成了象弈秋一样的高手。另一个徒弟则显得十分浮躁，当他听到天上大雁的叫声时，便会不由自主地朝天空望去，心里琢磨着如何才能把它们射下来，最终围棋技艺依旧平平。

想来这两个徒弟头脑应该都比较聪明，不然也不会得到弈秋的青睐，他们受到同一个老师的悉心教导，后期培养也无甚分别，可是就是这两个起点大体相当的人，他们最终的学习成绩却有着天壤之别。

可见一个人能否排除干扰，专心致志地学习，是求学成败的关键。这就是为什么同坐在一个课堂上，有的学生成绩好，有的学生成绩糟的关键原因之一。孩子的好奇心重，自制力较差，父母应该给予他们适当的引导，让他们排除干扰，认真、细心地做题和学习，只有这样，学习成绩才能得到提高。

　　皮皮也曾经有过一段"分心"的时光。

　　因为太过好奇，太容易被外界的新鲜事物所吸引，皮皮有段时间即便看起来他正趴在桌上安心做题，心里想的其实是另外一些事。作业题和考卷上出现了很多不应该打叉的地方，成绩明显有些下滑。我问他为什么这么简单的题目也出错的时候，皮皮一脸歉意地告诉我说，是他一时粗心算错了。皮皮的能力我很清楚，那些出错的题目里，很大一部分是他平时熟记于心的，如果认真做题，细心检查，是可以发现错误的。

　　皮皮正处于学习的关键时期，一旦分神，让功课落下来，以后想追赶别人怕是也很困难了。于是，我开始查找皮皮分心的原因。除了跟皮皮谈话沟通之外，我还向皮皮的老师询问相关情况，原来皮皮最近被同伴们的电子游戏机所吸引，只要一下课，他就会跑到同伴那里去玩，上课时间还意犹未尽的。

　　得知这一情况，我并没有大发雷霆，而是静下心来，心平气和地和皮皮沟通。

我问皮皮："那些电子游戏真的那么好玩吗？"

皮皮沉默不语，半天才蹦出一句话："其实也没有多好玩，我就是想玩通关。"

"通关之后会怎样呢？"

"会让同学们刮目相看，他们会很佩服我。"

"他们更佩服游戏通关的同学还是更佩服学习成绩第一的同学呢？"

皮皮不说话了，他似乎认识到了自己的问题所在。

"以后不要再让游戏干扰皮皮的学习了，好吗？"我顺势教育他说。

"好的，妈妈。"

皮皮遵守承诺，很快就戒掉了"游戏瘾"，将精力投入到学习中来。

要培养"检查"的习惯，适度地给孩子以奖惩

有些粗心的孩子习惯于让父母帮助检查作业。父母应该让孩子自己检查并改正错误，这样才能有助于孩子克服粗心的毛病，养成细心的好习惯。如果孩子因为粗心，作业或考试不太理想，父母可以适当对孩子进行一点小小的惩罚。就是说当孩子达不到你给他定下的某个标准的时候，对孩子的行为一定要有所限制，要惩罚，这个惩罚一定要剥夺他最喜欢的事情，这个时候不能心疼孩子。但是孩子达到一定的标准之后，你就得奖励孩子最喜欢的事情。孩子通过这样的调整，慢慢地就习惯了。比如我的班中有个学生，头脑很灵活，但考试的时候总会因为粗心每次都与满分擦肩而过，他很爱打篮球，于是父母对他说：每次测试中，有关计算的题一律不得发生错误，错几题，他就会被剥夺打篮球的权利几周。从此以后，该学生在完成作业或试卷后都会仔细地检查，从而计算的正确率有了很大的提高。

让孩子树立起"功必赏，错必罚"的观念是很有必要的，有利于培养孩子的责任心，让孩子自立自强，谨言慎行，学着对自己的行为负责。现在的孩子从小受到家人的溺爱，要星星不敢给月亮，稍微做出一点成绩，就会得到铺天盖地的夸奖，长期处在这种正面舆论之下，孩子常常会忘乎所以，很难对自己树立一

个正确的认知。与"奖励"相比，"惩罚"同样是促进孩子成长进步的动力，它们就像天平的两端，任何一端的缺失都会导致天平的失衡。父母在教育孩子的时候，应该"赏罚并用"，在直接的现实利益面前，让孩子意识到什么是对的，什么是错的。

　　形式多样的小惩罚，各种各样的小奖励，是我和皮皮之间经常会应用的沟通手法。在我们的家庭竞赛中，在我们的"口算"游戏中，我都会为皮皮规定一些奖惩措施。

　　每当皮皮答出了我考他的题目，或者在一场测验中取得了理想的成绩，我都会为他买一件他需要的文具或者心爱的玩具。而当皮皮表现欠佳的时候，他就不得不为自己的失误付出代价——帮助我做一些家务，洗洗碗、拖拖地什么的。这些小礼物和小惩戒都是皮皮学习进步的动力，为了避免受惩罚，他不得不时时检查自身的问题，将错误率降至最低。为了得到奖赏，皮皮又得不断地加强自身的学习，提高自己的学习成绩。

　　有一段时间，皮皮的爸爸很怀疑我的这个"奖罚"制度，他觉得这会让皮皮斤斤计较于眼前的利益，将学习的目的局限在可以获得奖品上，可能曲解了教育的初衷。

　　但是经过一段时间的观察，皮皮的爸爸终于打消了心中的疑虑，因为他发现这些措施并没有让皮皮"唯利是图"，反而成为他学习的助力。虽说是物质奖励，但是那点小物品根本不贵，对小孩子的诱惑力并不大，皮皮不会对它们趋之若鹜，努力拿到它们无非只是为了证明自己的聪明能干。而做家务的惩罚，并不会让皮皮蒙受多大的委屈，他之所以经常检查自己的作业，降低错误，避免受罚，也是为了保全自己的"面子"，显得有成就感。

　　通过这些奖惩，皮皮已经养成了良好的学习习惯，即便取消这些奖惩，皮皮也能严格自律，做得一样好。

第五章 找准突破点，启蒙孩子的语感

——谈英语的学习

1.　学英语关键在于找到语感：试试多元智能法

孩子学英语，不仅是以写作为目的，而是为了会说，会用，就像我们最初学习母语，是用来满足自己的诉求的。所以学习外语应该和学习母语的方法类似，只不过语言环境相对缺少。纯语言的学习更多的是感官的联系，听、说、读、写得多了，大脑中枢就形成了条件反射，就有了语感。学习语言的困难也就如一层窗户纸般容易捅破了。

每个孩子都有自己的专长，有的孩子拥有很好的乐感，有的孩子拥有很好的文学素养，有的孩子对色彩敏感，有不凡的绘画天赋。孩子学英语的时候也是如此，不同的孩子会呈现出不同的特点，如果能够因材施教，使每个人孩子都能用自己最擅长的方式来学习，就会取得理想的效果。有的孩子背诵和演讲英语出色，有的孩子对数字、运算的内容非常敏感，有的孩子阅读配有图片的文章事半功倍，有的孩子身体语言及表演能力胜其他孩子一筹，有的孩子通过唱歌记歌词过目不忘，有孩子对合作式学习充满兴趣……

在学习英语的过程中，我们往往忽略自己孩子的学习方式，盲目地看别人家的孩子，信奉一些所谓的"神奇效应"，将其他孩子学英语的模式生搬硬套在自己的孩子身上，结果非但对自己的孩子没有帮助，反而还会打乱孩子的学习规划。

根据多元智能，因材施教

有这样的一句名言："每个孩子都是一个潜在的天才儿童，只是经常表现为不同的形式。""学生具有自己的强项，有自己的学习风格，如果考虑这些差异……那么教育就会产生不一样的效果。""多元智能"理论指导我们要更多地关注孩子的智能差异，父母有最有利的条件，发现自己孩子的兴趣与才能，如有的孩子数理逻辑差一些，但他的视觉空间比较强一些，在学习英语时，就要充分利用图像语言。在低年级让他们看动画、看图片，在高年级让学生学着表演或者自己朗读。还有的学生数理逻辑差但语言文字是强项，就要充分发挥他的语言天赋强项，用多读书，多发言的办法来学习英语。好的父母能够发现自己孩子的优点，找到属于自己孩子的优势，就能够做到"对孩子负责一辈子，而不是负责一阵子"的观点。父母应该具备相应的多元智能的知识，从而引导鼓励孩子寻到适合自己学习的学习方法。

帮孩子找到最适合的学英语方法

语言是一门复杂的学问，要想入门，其实并不难，但是要想学好，却着实不易。英语学习也是如此，它是需要听、说、读、写并重，口、耳、手并用，多管齐下，反复训练、融会贯通，才能最终娴熟运用的。

语言训练应该从小抓起，儿童时期是学语言的最佳时期，诸如语感、词汇量之类的语言基础都要在儿童时期加以养成。父母应该把握孩子的最佳学习年龄，找到适合孩子的最佳学习方法，让孩子的英语学习顺利、高效地开展。

不同的孩子在面对英语学习的时候，会呈现出各自不同的特点，有的孩子注重听说，以收听录音和口语训练来强化对拼写的记忆。有的孩子则侧重书写和做题，用丰富的词汇量和语法知识带动听说能力的开展。两种学习的最终结果，可能是前一种孩子的词汇储备量较为匮乏，后一种孩子则失之于听说，学习成绩虽好，在日常英语交流中形成障碍。

作为父母，我们应该认识到自己孩子的英语学习特点，因材施教、辨证施治地为他们的英语学习提供有效的帮助，让他们找到真正适合自己的学习方法，少走弯路，让孩子的英语学习实现最优化。

我对皮皮的英语学习状况，还算是较为了解的。皮皮虽然有时候很贪玩、好奇心重，但整体来讲，他仍旧是个勤奋好学的小孩。学习英语的积极性也比较高，我曾经教给他的学习技巧，他也十分乐意接受，并且积极地用于实践。

论起背单词，跟一般孩子相比，皮皮还是比较具有优势的，因为他头脑比较灵活，对英语学习较为上心，加上掌握了不少有效的学习方法，他的英语成绩还算让人满意。

然而，皮皮活泼的性格决定了他东抓一把、西抓一把的学习特点，整个英语学习逻辑混乱、不成系统，皮皮也常常不怎么注重对语法的学习，句式混用、乱用，词性瞎用，我批评他的时候，他还反驳我说自己这是活学活用，只讲语法的人都是“书呆子”。

我决定好好规范一下皮皮的学习，将他引入到英语学习的正确道路上来。我有意识地加大皮皮对课后习题的语法部分的练习，让他不得不埋头研究。等他有了一定的积累之后，我和他对话的时候，我会时不时地故意说错那么一两个时态，天生敏感的皮皮一下子就听出来了，并且毫不留情地给我指出来。我一边装作虚心接受，一边暗自高兴，因为我知道，皮皮的语法学习有了大幅度的提升。

2. 不"过"大脑地背单词根本记不住

我们汉语文字用拼音、象形等来提示汉字的读音与意义，使汉字变得容易读和记。英语也同样，我们想记得快些，也要用脑去分析它们，由此辅助我们的拼写和记忆，追本溯源，按照语言的规律和构成法来学习它，就会事半功倍。

皮皮的英语一直学得不错，老师便把班级里一个英语总是不及格的孩子和皮皮调在了一个座位。说来也怪，和皮皮坐在一起以后，这个被老师称为"英语大麻烦"的孩子英语竟然及格了。连我都很惊讶，皮皮究竟用了什么妙招。

我和皮皮聊天，皮皮说也没什么妙招，就是他和同桌喜欢上了英语单词游戏，碰见一个单词，要么拆开，要么比较，要么就编个顺口溜，两个人比着编，不知不觉单词就背会了。

我觉得皮皮和同桌的学习方法很不错，就和皮皮一起查阅了资料，整理了一套背单词的诀窍。

在整理的过程中，我进一步认识到，英语词汇是英语学习的基石，没有一个个单词的积累。学好英语等于是空谈。可是枯燥的英语单词像一个漂浮的小蝌蚪，困扰着可爱的孩子们。所以我们要帮助孩子找到最佳的记忆方法，突破这个英语学习的关口。

谐音记单词，好玩又有效

有人把圆周率3.14159谐音为"山巅一寺一壶酒"即是绝佳的记忆实例。而英语是拼音文字，看到一个单词可以很容易地猜到它的发音，听到一个单词的发音也可以很容易地想到它的拼写。据联合国教科文组织调查显示，65%的英语学习人群都在用谐音法记忆单词，并且取得了不错的效果。所以如果谐音法使用得当，它会是最有效的记忆方法，可以真正做到过目不忘。当然，谐音法不是万能的，切忌滥用和牵强。掌握谐音法的诀窍是，由谐音产生的词或词组（短语）必须和英语单词的词义之间存在一种联系。此诀窍一定要牢记，否则滥用谐音法只能是多此一举了。

谐音记单词，趣味多多，不但教会孩子如何记忆单词，还培养了孩子丰富的想象力。

我和皮皮经常玩谐音记单词的游戏，我们把朗读并且查找出英文单词的汉语谐音当成一件颇有乐趣的事。每当发现一个单词的汉语意思竟然那样有趣时，我们就会像发现新大陆一样欣喜若狂。虽然这样看起来很疯，可是妈妈和自己心爱的孩子之间不就应该如此吗？边玩边学，寓教于乐，在欢声笑语中共同成长和进步。

"parsimonious（节俭的）""lassitude（没精打采的）""innuendo（暗讽）""pugnacious（争强好斗的）"……你能想象一个几岁大的小孩子能够顺利地拼出它们的写法，流利地说出它们的意思吗？

我们家皮皮就完全没有这方面的障碍，而且皮皮在学习这些单词的时候，并没有花费太多的时间和精力，他笑一笑、练一练，就很轻易地记住了。

原来皮皮不是采用惯用的手法来记忆这些单词的，我教给了他一些很有趣的点子来帮助他强化记忆。

皮皮一开始练习"parsimonious"这个单词的时候，他一直向我诉苦，觉得想要学会它简直难上加难。

的确，parsimonious有12个英文字母，这12个字母毫无规律地组合在一起，仅仅靠死记硬背的话，只怕很难真正熟记于心，就算当时记住了，没过几天可能又会忘记。

于是我告诉皮皮说："你可以试着这样来记，'parsimonious'的发音类似'怕失去money'，翻译成中文不就是'节俭的'吗？"

"真有意思啊！"皮皮回答说。

他在心中默念几遍，又在练习本上写写画画，很快就掌握了parsimonious的正确读音和写法。

我用同样的方法教给皮皮"lassitude"（谐音：懒散态度）的中文意思是"没精打采的"，"innuendo（谐音：阴厉狠毒）"的中文意思是"暗讽"，"pugnacious（谐音：派哥们来事儿）"的中文意思是"争强好斗的"。

靠着这样的方法，皮皮掌握了越来越多的疑难词汇，他已经不再需要我去指点每个单词的汉语谐音意思，而是在学习的过程中试着自己去发现，在自娱自乐中缓解学习的枯燥，取得很好的学习效果。

拆字记单词，好处多又多

有时候，孩子见到一个长一点的单词，就被字母数量给吓倒了。不愿意背了，给跳过去了。"世上无难事，只怕有心人。"拆字法就是长的难的单词的一个克星。所谓"拆字"就是把一个单词拆成两个或两个以上的部分进行记忆的方法。把单词化繁为简，背个长单词也就小意思了。这样不仅把难的单词背会了，顺便还捎带着把简单的也背会了。举几个小例子，希望对孩子们的学习有个启发的作用。

我的一个同事曾经跟我说，我们家皮皮的记忆力很好，因为跟同龄的小孩子相比，皮皮似乎认识掌握了更多的难写的英文单词。要知道，那些难写难念的英文单词让很多高年级的学生都感到头痛不已，可是皮皮却记住了。同事又问我是不是对皮皮要求过分严格了，逼着孩子去完成繁重的学习任务。

我急忙解释道，我从来没有强制地去干预皮皮的英语学习。我只是尽自己最大的努力，为皮皮提供一些好玩有趣的学习方法，让他可以边玩边记，既能玩得高兴，又能记得牢固。

正如同汉字有会意字一样，很多英文单词也是有两个或者两个以上的词根所组成的。两个相对独立的词根意组合起来，就构成了一个具有全新含义的单词，新的合成单词与几个旧词根之间会存在丝丝缕缕的联系。如果能掌握了几个相对简单的词根意思，就不难记住其合成的长单词的意义和写法。

作为小孩子，学习英文单词的时候，皮皮也会避重就轻，选择那些较为简短，较为好记的单词去理解，对于那些字母较多，字形复杂的单词，皮皮会下意识地采取回避态度。

面对这种情况，我会试着去开解他，告诉他所有的长单词其实并不像他想象得那么难，它们中的大多数，不过是几个简单单词放在一起了而已。

皮皮将信将疑地看着我。

于是我开始举例来说服他。

"比如pigsty（猪圈）这个词，你是不是觉得不太好记呢？"

"是的，它们看起来没什么规律，我一不小心就写成pigtsy了。"

"其实你可以把这个pigsty看作是两个单词构成的，一个是前面的pig（猪），一个是后面的stay（停留），这两个单词放在一起的字面意思是什么呢？"

"猪待的地方！"皮皮嚷着。

"猪待的地方是哪里呢？"我继续引导皮皮。

"我知道了，一定是猪圈！"皮皮高兴地叫着。

"对喽。"

有的单词字母很多，写起来很长的一大串，我会教皮皮把它们拆开记忆，将单词拆分成前后两部分，或者前、中、后三部分，理解并熟记它们各自的写法，加起来便能推知整个单词的含义和写法。例如：playground=play（训练）+ground（场地），整合前后两部分的含义，皮皮就可以知道playground的意思是"操场"。

又比如，在教皮皮"supermarket"这个单词的时候，我会问皮皮"super"的中文是什么，他很得意地告诉我说："这很简单啊，super是'超级'的意思，'超人'的英文名字就叫'superman'！"

我夸奖皮皮的聪明，然后又问他知不知道"market"是什么意思，皮皮又非常得意地告诉我说："这个更简单，是'市场'的意思。"

"那super加上market应该代表什么意思呢？"我接着向皮皮发问。

皮皮低头沉思了一会儿，露出恍然大悟的神色说："哦，我知道了，super+market是'超级市场'的意思，也就是指妈妈昨天给我买巧克力的超市！"

同构来搭桥，单词记得多

所谓同构，就是一样的构造吗？用在记忆单词，是针对几个不同的英文单词可以由相同的英文字母构成的这一现象。英语简单就简单在它是由26个英语字母组成的，所以每个英文单词都由一个或数个英文字母构造而成，由于字母在单词里排列顺序的变化，相同的几个字母便可以构造出不同的单词，这些单词互相称作同构词。如果同构词里有一个是孩子非常熟悉的单词，那就好办了，就可以拿它来作为记忆其他同构单词的桥梁。走过这座桥，孩子背单词的路途就又会顺利了很多。

我在教皮皮学单词的时候发现，随着阅读量的日渐增多，皮皮遇到的陌生词汇越来越多，皮皮对记忆生词感到十分头疼，那些单词实在太复杂了，想要清楚分明地把它们记在脑子里，着实不易。

这时候，我便试着教皮皮一些"同构单词记忆法"，希望可以为他的学习提供一些帮助。我从皮皮的单词表上挑取了awl（尖钻，锥子）和law这两个单词，让皮皮自己来研究，找到这两个单词的相同和不同之处。

皮皮凝神盯了一小会儿，说："这两个单词一样又不一样。"

"哪里一样哪里不一样呢？"我问皮皮。

"拼写不一样，字母顺序不一样，但是它们都是由'a''w''l'这三个字母组合成的。"

"皮皮讲得一点也没错，"我告诉他说，"这两个单词就叫作'同构词'，意思就是它们是由相同的字母构成的，但是顺序不一样，意义和用法也不一样，不过，把它们放在一起记是很省力的，用这个方法能让皮皮记住不少单词。英语中有不少这样的单词，皮皮能自己试着再找出几个例子吗？"

皮皮想了一会儿，然后给我举出一个不错的例子来："told（英文tell'告诉'的过去式）和dolt（傻瓜）这两个单词都是由't''o''l''d'组成的，它们也可以叫作同构词！"

"皮皮真聪明，说得一点也没错。"我夸奖他道。

这些单词仅仅只是字母的先后顺序发生一下简单的调整或改变，就变成了一个新词，拥有了完全不同甚至截然相反的意义和用法。皮皮对这个现象感到很惊喜，他非常乐意将它们罗列在一起，共同记忆，只要记住了它们中的一个，其他的几个单词自然不在话下。一边比较一边记忆，彼此促进，强化了皮皮的记忆。这个方法让皮皮的单词学习事半功倍，他因此记住了很多形似的同构单词，大大丰富了词汇量。

异构背单词，想忘了都难

同构是相同的，那么异构是相对于同构而言不一样的部分了。异构词是指在拼写上只相差一两个字母的两个或几个单词，最简单的道理，姐妹两人，肯定有相似的地方，认识了妹妹，我们对姐姐的相貌也就有了几分猜测。如果异构词里有一个是孩子所熟悉的，就可以拿来记忆其他不熟悉的异构词，异构法最适合记忆中等长度的单词。

例如：

abut 译作：接界，毗连   记法：abut→about(差不多)→两国差不多就要接界了

shirk   译作：规避，逃避   记法：shirk→shark(鲨鱼)→在海里游泳一定要躲避鲨鱼

皮皮在练习记忆单词的时候，异构法是我们经常采用的记忆方式。这个类比式的记忆法让皮皮的学习效率大大提高了。如果皮皮记住了它们中的一个单词，就可以通过其中几个字母的替换，让它们变成一个形似的新单词。这样一来，记住一个单词就等于连带着记住了一串单词。通过对它们的相同和不同字母的区分，加深了皮皮对这些异构词的印象，提升了学习效率。有了这个方法，皮皮像是找到了捷径一样地惊喜。对于这个方法的使用，皮皮也是乐此不疲。

有时候，我想考皮皮某个单词的写法，皮皮给我写出这个单词之后，还要给我列举出一系列异构词，每个单词的读音和意思，皮皮都要给我一一讲解，这让我感到很高兴。

皮皮也经常把这个方法与同学们分享，他会告诉其他同学们异构法的好玩和巧妙之处在哪里，然后和他们一起来找出更多的异构词，随着词汇量的日渐增多，皮皮已经能够挑选出大量异构单词，其中的很多单词是书上没有的，这让皮皮感到一种满足感，觉得自己的英语学习妙趣横生。

3. 从简单的故事开始，让孩子爱上英文阅读

外语学习最初对孩子的作用和目的，与其说是用于中外沟通和应用，不如说是为孩子打开一扇崭新的窗，透过它可以呼吸外面的异域空气，欣赏异域世界的风土人情。一个个异域原创的外语小故事，可以吸引众多孩子的目光。

让孩子在阅读英语故事中学英语可谓是一箭双雕的好事。读故事，学英语，这样的学习内容和方式非常符合孩子，能激发孩子对英语学习的浓厚兴趣。同时，故事也是一种很好的语言素材。孩子在读故事的过程中完成了词汇的积累，语感的培养。而阅读简单的中学英语也是家庭教育中最简单易行的。仅给孩子提供一定量合适的书籍是不够的，要适时地合理地引导孩子。

很多孩子上课的时候不是太认真，可是没事的时候就爱抱着一本"闲书"乱翻，真是不考不知道，一考吓一跳，这样的孩子往往成绩很不错。日本教育家木村久一说过："如果孩子的兴趣和热情一开始就得到顺利发展的话，大多数孩子将会成为英才或天才。"若能让儿童从小大量地听或读故事，对其理解能力的培养、沟通能力的增进、学习动机的提升、想象力的养成，有深远的影响。

活泼好动、天真好奇是孩子的天性，可是孩子的兴趣却难以持久，即使再精彩的游戏和活动如果长时习不变的话，也会使孩子厌倦。可是阅读小故事却由于它有无穷无尽的素材、无拘无束的想象、淋漓尽致的发挥等特点，更能吸引孩子，使得孩子在查找故事素材、参与表演的同时也能激发自己学习英语的兴趣。

皮皮刚刚接触英语文章的时候，他还只有很少的词汇量，理论上说皮皮是绝对读不下来一篇英语文章的。但是皮皮的热情很高，他已经等不及

花时间去学更多的单词，就要开始他的英文阅读之旅了。

　　幸好，皮皮刚刚接触的英语阅读文章并不十分难，它们都是一些《白雪公主》《小王子》之类的童话故事，情节很简单，生僻的单词也不多，虽然对初学英语的皮皮来讲，还是有很多不认识的单词，但是皮皮被其中的情节所吸引，他很想知道接下来发生了什么，所以不得不一边读一边问我某个单词的意思，我不在他身边的时候，他就迫不及待地查字典，去寻找答案。

　　如此下来，皮皮逐渐爱上了这些小故事，也逐渐爱上了英语阅读。我也很满意皮皮的这个爱好，对于那些外国童话故事而言，英文原版的总好过读中文译本的，它们可以让反皮读到最原汁原味的东西。

　　阅读小故事要从孩子们的好奇心、意愿、生活经验、自学能力以及他们平时的阅读习惯出发，使这种语言学习活动在一个"完整的、自然的、真实的"语言环境中进行。这样他们学到的就不再是零星散碎的词句，而是整个语篇的意义。这种活动可以让孩子们在一个"完整的情境"中学习到"完整的语言"。

　　阅读小故事能让孩子树立起学习英语的自信心，使他们感到自己除了母语之外，也能学会、甚至学好别的语种，为他们今后的学习打下良好的基础。在教学实践中，我发现不管是优秀生还是学困生，他们为了能听懂故事中的内容，都非常用心，而且在他们听懂之后，会有一种自豪感、成就感。这样孩子就会有兴趣、也就更有信心去理解该故事、讲述该故事、表演该故事或者创编该故事，从而进一步去理解更多的故事、讲述更多的故事、表演更多的故事或者创编更多的故事，他们的学习能力在不知不觉中得以提高。

　　在阅读小故事中，通过让孩子听故事、理解故事，可以提高孩子的听力和理解能力；通过讲述故事，培养了孩子的英语语言运用能力；通过创编故事，可以培养孩子的创新能力和语言的综合能力；通过表演故事，可以培养孩子的合作精神和参与意识。

让孩子自主选择爱读的故事

不论是古今的故事，还是中外的故事，它们不仅能够发展孩子的思维能力、想象能力、分析能力和表达能力，而且覆盖了历史、地理、数学、物理、化学、体育等方面的知识，对孩子的知识、情感、行为习惯等方面也能起到一定的教育作用，达到整合各学科知识的目的，对其他学科的知识起到复习和巩固的作用。

培养孩子爱上英语小故事，父母给孩子选择书籍的时候。不要想当然地给孩子选书。最好让孩子自己选择。教育学家苏霍姆林斯基说，"教师如果不想方设法使学生产生情绪高昂和智力振奋的内心状态，而只是不动感情的脑力劳动，就会带来疲倦。"

书本里的故事一定要有趣，孩子自己喜欢，才能吸引孩子。另外不要过多信赖书本给的参考阅读年龄，选择孩子可以看懂的，或者低于孩子阅读水平的，这样才能提高孩子的成就感。最好选择那种有后续活动的图书，这样的故事不仅给学生提供可操作的任务活动，而且会使学生在活动中得到更多的锻炼和更大的提高，从而更吸引学生。

对于英语读物，皮皮有着自己的一份喜好，他喜欢那些紧张刺激的探险寻宝故事，而不喜欢那些情节温暾缓慢的情感故事。《白雪公主》和《灰姑娘》不是他的菜，《哈克贝利·费恩历险记》《哈利·波特》才是他中意的读物。

为了把握住皮皮这个难得的喜好，我特意为皮皮买了一些外文原版读物，运气好的时候，还能买到专为儿童打造的精华版，语言浅近，文法简单，又能让他读到原汁原味的英文原著。

即便是精华版，这些英文名著中仍旧有许多皮皮不认识的单词，想要把它们顺利地读下去，皮皮就不得不随时带着字典，遇到陌生单词，皮皮就拿出来查找它们的意思，结合语境选择最恰当的那个，顺利地读下去。

对于皮皮这么大的孩子来说，读英文原版不是很容易的一件事，皮皮为此要付出不少艰辛，但是我相信，皮皮收获的远比付出的要多得多。

鼓励孩子用英语讲故事给你听

读故事可以增加孩子的知识面，丰富词汇的储备量，但是只读故事是远远不够的，讲故事才能够让孩子将自己读来的故事融会贯通，真正转化为属于自己的东西。

我们都知道，学声乐的孩子如果想唱好歌，就要开动嗓子，实打实地训练，如果只是听唱片、在心中默唱的话，永远都发现不了自己的嗓音和发声问题。学英语也是一样，英语是一个需要将"听、说、读、写"结合起来学习的科目，其中"说"是极其重要的一项。

用英语讲故事好处良多，它能够锻炼孩子的发音能力，培养孩子的语言组织能力，训练孩子的言语逻辑能力：等于是一次温习。

皮皮一直有听我讲故事的习惯，后来皮皮开始阅读汉语书籍的时候，我就让他讲汉语故事。他读了英语书籍，我就让他用英语讲故事。

这个过程就有趣了，有些我根本听不懂，一遇到这样的情况，皮皮高兴坏了，手舞足蹈地看我笑话。

我因势利导，让皮皮表演给我看，我猜故事的情节。这个时候皮皮特别认真，表演得也特别好。

一次小区里的消夏晚会，谁讲故事谁就得到酸奶。皮皮连比画带说的讲了英语小故事《超速行驶》。皮皮不但得到了酸牛奶，还从此大发讲故事的热情，喜欢上了给人家讲故事的同时也练就了一身英语的好本领。

4. 说英语——关键在于第一次张口

张嘴说出来才能真正利用语言进行交流，这也是学习语言的主要目的，而孩子身边的环境却很难造就孩子们说英语的能力。多给孩子营造语言情境，把自己的家当作舞台，大家一起尽情地说英语吧。

我们要尽可能给孩子创造好的语言环境。在家里多播放一些英语歌曲，和孩子一起看一些英语动画片。对孩子英语口语的学习，我有几点切身的感受。

尽可能给孩子营造英语会话环境

口语提高的关键在于练，天天练，时时用。多练才能熟练，熟练才能生巧。先张口，不怕错，与人对练，自说自话，给孩子提供一个说英语的好机会。我给皮皮选择的幼儿园是双语幼儿园，那里的幼儿园有一个每天一小时游美国的游戏。要求所有的小朋友自由过家家，但是必须说英语。在这个过程中不但能锻炼孩子说英语的胆量，而且更重要的是能提高孩子说英语的能力。

为了给皮皮创造更好的语言环境，我也曾经找过家教，不用给孩子补课，只是每天用英语和孩子聊天，孩子就在一个有语言氛围的环境中学习，自然学得非常快，也很灵活。

皮皮稍微大一些，我带皮皮去了不远处校园的英语角。皮皮在那里不但学到了英语知识，还交到了不同年龄段的好朋友。

学英语就像游泳一样，孩子必须潜在水中，而不是偶尔沾沾水，孩子头浸在水里，才感到自由自在，这样他们才能像一个熟练的游泳者一样乐在其中。父母应该给孩子创设一种学"母语"的英语学习氛围，进行非常必要的"情境教学"。

皮皮的英语有了一定水平的时候，我鼓励皮皮去公园免费给外国人当导游。开始皮皮很害怕，我就陪着他去。尽管我的英语不好，但为了皮皮我也还是硬着头皮给皮皮做榜样。

开始皮皮只能简单地对话，慢慢地就能和外国人较为流利地沟通了。

皮皮的课余生活特别丰富，很多同学都羡慕皮皮，很少在家复习功课，不是在公园就是在聊天，英语成绩还特别好。他们不知道的是，皮皮随时在学习，而且是在愉快地学习。

父母花些心思、动脑筋，让孩子爱上说英语

孩子们爱唱、爱玩、爱动，喜爱说节奏感强、朗朗上口的句子，所以做父母的应该尽量"投其所好"，采用孩子喜欢的形式，来鼓励孩子趣味学英语，自己给自己找乐子。

在学习单词ball（球）、doll（娃娃）、car（车）、boat（船）时，我和皮皮一起编了个儿歌："什么什么拍一拍？"

"ball、ball，拍一拍。"

"什么什么真可爱？"

"doll、doll，真可爱。"

"什么什么跑得快？"

"car、car，跑得快。"

　　"什么什么水上漂？"

　　"boat、boat，水上漂。"

　　后来，皮皮的英语老师还推广了这个儿歌，甚至在班级里掀起了一阵儿歌热。众多孩子们有板有眼有韵律地学英语，效果好，热情高。

　　父母的任务在于激励唤醒和鼓舞孩子学习英语的热情。孩子口语能力培养不是一朝一夕的事情，对孩子口语的训练决不能急功近利，而必须持之以恒。只要我们给孩子创造一个宽松愉悦的交际氛围，一个让孩子展示自我的舞台，相信孩子的英语口语水平会有一个提高的。

第六章　学习艺术是为了体验生活之美

——谈艺术的学习

1. 让追求美成为孩子学习艺术的目的

艺术给人以美感，给人以情感的交流和再现，给人以生活的乐趣，同时，也给人以陶冶与净化。然而艺术是抽象的，没有丰富具体的生活经验，难以体验艺术的抽象之美。要设法以美来引导孩子走出迷茫。

钱学森说过："一个有科学创新能力的人，光有深厚的理工科知识是不够的，还得具备丰富的、深厚的艺术修养。"大思想家、教育家孔子也精通音律。"杂交水稻之父"袁隆平爱好小提琴。中国第一部小提琴曲《行路难》由地质学家李四光先生所作。学音乐出身的格林斯潘作为美联储主席掌握着整个美国经济的宏观大局。而李政道先生则说"科学与艺术是硬币的两个面"。

艺术是对生活中美的追求和提炼，艺术的学习带给人丰富和美丽内在感受。专家根据人类脑功能活动的特点，把人划分出三种类型：艺术型、思维型以及中间型。其中艺术型的人具有丰富的想象力，知觉和记忆也更加形象。幼儿由于生活阅历浅，对艺术的接受能力和表现能力极强，因此或多或少都有艺术型的特征。实际上，幼儿的直觉感知比成人发达，他们和艺术家有着相似的感觉。从小培养孩子的艺术修养有着切实的好处。

首先，艺术可以带给人快乐。孩子们总爱拿着五颜六色的画笔涂抹属于自己的美丽图画，可能没有什么高超的技法，可是涂得满满的画纸就是一种成就，就是一种快乐。用自己的小手认识美，创造美，学习美，感受美，有益身心健康。

为什么孩子能对一朵小花爱不释手，为它唱首歌曲呢？为什么孩子能抱着玻璃瓶子玩得不亦乐乎呢？是因为孩子的纯真读懂了存在其中的美，而艺术的学习是保持这种发现美的能力。其实美无所不在，有了一双发现美的眼睛，一对听到美的耳朵，还会没有快乐和幸福吗？也就是说善于发现美、感受美、创造美、热爱美好事物，就能拥有一颗善良、健康、美好的心。也只有健康的心灵才会对周围的生活有更多感悟，进而体现出对生活的创造力。

其次，艺术能给人以美的力量。俗话说，爱美之心人皆有之。学艺术就会提高孩子对美的鉴赏力，也对孩子的心灵成长有净化作用。有了艺术追求的孩子，生活会充实有趣。在生活中，一个人有了良好的艺术素养，那他就会用美的视角去观察周围的事物，使自己的人生变得有意义。

再次，艺术能带给人丰富的想象力。任何一种艺术欣赏或艺术创作的过程都是一次想象力、创造力的实现，它必须充分调动人的视觉、听觉、触觉等各种器官同步进行，因此有利于人大脑的运用、思维能力的开发及灵敏度的锻炼，从而极大地促进人智力的开发与综合素质的提高。

最后，艺术是拓展知识面的一个有利渠道。常听音乐的孩子能深切感受、理解音乐中所体现出来的优美崇高的情感，伴随着节拍和旋律的变化，他们的思想也逐渐飞向远方，和优美的乐声交融为一体。这就是音乐的魅力！通过音乐的熏陶，有的孩子甚至能描绘出许多闻所未闻、见所未见的事物，这对其今后的成长无疑具有极其重要的意义。美术最能锻炼幼儿的观察力和艺术想象力。美术作品色彩协调，线条清晰，形象生动，而幼儿喜欢形象美好、色彩生动、造型有趣的玩具和图片，这就是幼儿天生的美感。儿童天生具有创造力，他们常常以独特的方式创造出各种新奇的意象。与美术接触较早的孩子往往表现得更加出众。除此之外，舞蹈艺术也是儿童美育的手段之一。舞蹈要求动作优美，富有表情和节奏感，给人以强烈而直观的美感，有利于培养孩子对体形美和韵律感的认识。总之，学艺术的孩子品性好。音乐、美术、舞蹈等艺术可以给人以美的熏陶，从小与艺术结缘，孩子的审美意识和审美能力在不知不觉中得到进步与强化，对他们的身心成长是大有裨益的。

我们应该让追求美成为孩子学习艺术的目的，给孩子创造学习艺术的机会，在生活中的发现美，体验美。

培养孩子在生活中发现美

发现生活之美，体验生命的美丽，是我们教育的终极目标，要培养孩子体会生活中的美，使他们得到美的体验，享受美的情趣，美在生活中！

衣之美——衣服、鞋子都是人们外在美的具体表现，我们可以试着让孩子给自己选择衣服，自己打扮自己，初步认识服饰之美。

在明星的各种亲子街拍或时尚博客中，我们经常会见到穿着得体到位，时髦又漂亮的孩子，他们的年龄都不大，几岁或十几岁的样子，可是气质和服装相得益彰，从打扮来看，你就会觉得他们是很有思想的孩子，你以为那是他们父母的功劳，是父母在打扮孩子上花费了苦心吗？

并不尽然，这些舒适得体的衣服可能都是孩子自己挑选搭配的。不要小看现在的孩子，对于着装，他们有着自己的独特见解，知道什么样的衣服适合自己，什么样子的衣服不适合自己。

很多父母担心如果让孩子将心思都用在穿衣打扮上，轻则占用他们太多的心思，影响他们的学习成绩，重则滋生孩子的虚荣心，对物质和外表无止境地追求下去。事实上，父母的这种担心完全是多余的。孩子有自己的审美能力，父母不应该事无巨细到连衣服鞋袜都要替自己的孩子做主，而应该给他们自由的选择权，选择合适自己的服装款式，将自己打扮得更漂亮、更养眼。

审美是一种能力，需要从小培养。孩子不仅要学习文化课，还要对生活充满信心，前者或许决定了孩子青年时期升学就业的顺利与否，后者则会是伴随孩子一生的生存能力。衣食住行是生存的根本，穿衣打扮是其中至关重要的一个环节，懂得如何打扮自己外表的人，才能更好地为自己的人生增光添彩，才是心智健全的人。

我从来不像有些父母那样专制，自己的孩子穿什么，都要全凭自己做主，完全不问孩子们的意见。

我的一个同事却不这样想。她结婚之后，原本想要生一个漂亮的女孩子，可是最终却生了男孩，虽然她和她老公都很高兴家里添了一名男子汉，但是这个同事的公主梦似乎并没有破灭。

幸好，她儿子俊俏伶俐，白白净净颇像一个女孩子，很讨人喜欢，这让她在心理上感到极大的满足。她经常为自己的儿子买一些公主裙让他穿，还让他扎起小辫子，绑上蝴蝶结发饰，不知道的人，根本看不出这是一个男孩子——他简直比女孩子还要漂亮！

"你儿子会喜欢这样的打扮吗？"我问她说。

"他现在还小，什么都不知道，等他长大了就不这样打扮他了。"同事不屑地说。

可是他真的不知道吗？小孩子的确不太能够明确无误地发表自己的见解和看法，但是他们的心思几乎比大人还要敏感。我看得出来，同事的小儿子是排斥妈妈的这种行为的，当其他人叫他"小姑娘"的时候，这个小男子汉的眼里分明盛满了愤怒，脸上也现出几分羞赧。

"如果我也像同事阿姨那样打扮你，你会怎么样？"我问皮皮。

"我会跟你狠狠地吵一架，然后继续按照我的想法去买棒球衫。"皮皮斩钉截铁地回答我说。

食之美——要做一个精致的母亲。把菜肴做得色香味俱全，让孩子感受食物之美，也能刺激食欲，胃口大开。还可以和孩子一起发挥想象力，让孩子动手做一些精美的菜肴，培养孩子享受生活的能力。

皮皮非常喜欢烧烤，这是我们全家人都知道的。每逢周末，皮皮爸爸带我们出去"改善"的时候，皮皮总是喊着吃烧烤。

我们却不敢让他这么无限制地吃下去，外面餐厅的烧烤太过油腻，肉吃多了不利于皮皮的健康，路边摊不卫生，我们更是明确禁止皮皮去吃那个。所以，我们吃烧烤的选择并不多。

后来，我们决定添置一台家庭用烧烤机，餐厅里安装起来，并不占据多少空间，食品的选择上，更是有了自主性，除了肉食火腿和海鲜之外，我们还可以增加许多蔬菜，茄子、青椒、土豆、韭菜等，都是非常完美烧烤素食佐餐。

皮皮非常喜欢这种荤素搭配的家庭自助烧烤，他自诩自己对烧烤十分有研究，每次我们决定烤制食物的时候，他总是自告奋勇地去准备食物。

皮皮的表现也确实可圈可点，他知道怎么样把火腿切成段，烤制起来味美又易熟，他也懂得把青红椒和猪肉块、脆骨丁儿交错着穿到一个竹签上，看起来色泽漂亮、极度诱人，他还知道把牛肉烤到什么程度软度最合宜、最好吃……

我们家简直有了一个小厨师，我和皮皮的爸爸也爱上了吃烧烤，因为吃烧烤的时候，我们可以做闲人，专等着吃就好了，还因为皮皮能够因为烧烤而享受美食的乐趣。

住之美——我们可以通过居室环境的布置与装饰对孩子进行艺术美的培养和熏陶。可以把孩子的绘画作品装饰起来，变成一幅幅漂亮的艺术壁挂，挂在教室的角角落落，让孩子感受、体验自己劳动所创造美的环境。

皮皮的房间很是整齐清爽，但凡进过皮皮房间的人都是这么说的。这全靠平时皮皮对住宿环境的高要求。

皮皮房间的家居摆设，很多都是他自己挑选的，我和他爸爸"遵照"他的个人喜好，将一间凌乱的婴儿室改造成了一位年轻绅士的房间。

皮皮有不少电动玩具之类的东西，但是他从来不会像很多孩子那样胡乱摆放，他有一个专门的架子来陈列自己的玩具，按照大小，分门别类地将它们安置好，用的时候取下，用完了再放回原处。

这是在皮皮很小的时候，我和他的爸爸就帮助他养成的好习惯。整齐干净是保持房间环境卫生的前提，房间的整齐干净又是房间之美的关键。他必须懂得居住之美，才能享受居住的乐趣。

我和皮皮的爸爸都希望皮皮对居住能有一个不错的审美眼光，人生的大部分时光是在家里、在卧室的睡眠中度过的，居住是人生不可或缺的一部分，皮皮应该培养这方面的眼光。

我和皮皮去逛家居店的时候，即便只是买一个杯垫，我都会征求一下皮皮的眼光。

"这个香槟色的不错。"皮皮说，"淡雅大方，跟咱们的墙壁还有家具颜色很搭配。红色的那个就太俗了……"皮皮用"小大人"的口吻跟我提建议。

"你个家居专家，"我笑道，"跟妈妈想到一块去了。"

行之美——自然界蕴藏的美是绚丽多彩的。比如雨后天边出现的七色彩虹、带着雨滴的娇嫩花朵、生机勃勃的大树、枯干、露出裂缝的老树根等，都可以带孩子欣赏。不但锻炼了身体，增进了一家人的感情。还让孩子在大自然中接受美的情趣，欣赏美的痕迹。

旅行是人生不可或缺的一部分，其实说整个人生就是一场长途旅行也未尝不可。我爱旅行，我的老公也爱旅行，我们的孩子皮皮自然也不例外。

皮皮的爸爸工作很忙，有时候会抽不出时间，我和皮皮就成了最佳旅游搭档，我们一起背着背包，南上北下，一路游山玩水，好不乐乎，让皮皮的爸爸羡慕不已。

无论是烟雨江南，还是大漠塞北，皮皮都可以欣赏到它们之间不同的美，这让我感到十分欣慰。不懂放养身心的人，就不懂得如何更好地发展前进，这是我一贯认可的观点。我家皮皮也是这样的孩子，他出去玩的时候，完全沉浸在美丽的湖光山色之中，忘记了学习的压力，那些老师教授的单词、语法、化学式，将它们统统抛到九霄云外去，好好地休息，等到回到学校去的时候，又能够放下山水之乐，静心学习，是个会玩又会学的孩子。

我和皮皮去江南微雨的小镇漫步，去草原上骑马，我仿佛又找回了年轻时无拘无束的时光。

从经典中感受艺术恒久的美

孩子的美术教育，并不是以培养少数画家为目的的，而是通过美术活动的手段，使孩子借美术活动表现、舒展自己内在的意欲和情感，培养美的情操和陶冶美的人格。有可能的情况下，和孩子一起欣赏一些名家的抽象绘画作品，可以利用网络、书籍等一些资源。让孩子尽情地欣赏，父母不要给太多的主观评判，孩子哪里表现得好，父母要给予鼓励和支持，重在培养孩子的兴趣。父母要带孩子多去欣赏一些歌舞演出、音乐会以及一些好的电影。欣赏这些艺术，不需要太多的知识经验作为基础，可以为孩子提供了不受局限、自由想象的广阔空间。

为了培养皮皮的美术细胞，我特意为皮皮买过世界经典画集，油墨水彩各种类型的作品都有，塞尚的风景画、凡·高的影响画、毕加索的抽象画、齐白石的山水鸟虫，皮皮都欣赏过。皮皮对它们也都有着自己不同的评价和喜好。

我跟他讲中国绘画和西方绘画的区别，中国画讲求神似，重视意境，简单地三笔两画，整个境界全出，西方绘画则务求神似，线条像数学公式一样，一个小数点的误差也最好没有，生动直观。

"皮皮喜欢哪种画呢？"欣赏了那么久，我想让皮皮发表对绘画的看法。

"各有各的好，但是我觉得中国画更牛。"皮皮竖起大拇指夸耀中国画。

"好在哪里呢？"我问皮皮说。

"哪里都好，简单又复杂，又少又多，很神奇，让人说不清楚，但是就是让人喜欢。再说了——"皮皮说，"谁让我是中国小孩呢！"

"呵呵，皮皮讲得不错。"我说。

"皮皮这是要当画家了？"皮皮的爸爸见到皮皮这些天一直再翻看画册，便这么问皮皮。

"就算不当画家，也不能不懂画呀！"皮皮回答说。

这也正是我要跟皮皮爸爸说的，孩子可以没有太多的绘画技巧，但是不能没有审美鉴赏绘画的能力。艺术之美值得每个人追寻，孩子也是一样。

2. 家庭气氛是艺术学习的空气

在艺术中享受生活，在生活中享受艺术。艺术给孩子更多的是情感，而不是知识。现在越来越多的父母重视对孩子艺术才能的培养，这对于提高孩子的综合素质，开发孩子的右脑，丰富孩子的课余生活都是很有益处的。那么，为了更好地培养孩子的艺术才能，父母应该怎么做呢？

家庭艺术氛围是各种关系的总和。家庭是社会的细胞，也是孩子的第一所学校，家庭教育是学校教育和社会教育的基础。家庭艺术教育是家庭教育的重要内容，是由父母或其他家庭成员按照一定社会的要求，通过言传身教和环境陶冶等途径，为培养和发展孩子感受艺术、鉴赏艺术、表现艺术和创造艺术的能力，而施以一定教育影响的实践活动。

据说在充满智慧的犹太人家里，孩子稍微懂事，妈妈就会翻开《圣经》，滴一点蜂蜜在上面，然后叫孩子去吻上面的蜂蜜。这个仪式的用意是告诉孩子书本是甜的，让孩子在最初接触书时，就留下非常美好的印象，从而一生都喜欢书。想象一下，年轻的母亲手捧着带着蜂蜜的书，因为他们生长在这样一个芬芳的、美好的、智慧的环境。环境对人的成长尤为的重要，而家庭是孩子的第一个学校，父母是孩子的第一任老师，我们有责任给孩子创造一个充满艺术氛围的环境。

家庭成员业余生活的艺术熏陶

在培养孩子艺术修养的时候，父母也需要不断提高自身素质，特别要注意家庭的日常文化娱乐活动，如收看电视，收听广播，阅读文学作品，观赏戏剧、电影，练习书法，拍摄照片，从事业余艺术创作等。如果家庭生活富有"艺术氛围"，必然会影响孩子的情趣、生活方式、生活风貌和精神面貌。

美国历史上有个爱德华家族，始祖爱德华是位哲学家，家中拥有大量的藏书。他的八代子孙中出了13位大学校长、100多位教授、80多位文学家、20多位议员和1位副总统。与爱德华家庭成鲜明对比的是珠克家族。始祖珠克是赌徒和酒鬼，他的八代子孙中有乞丐300多名，7个杀人犯和60多个盗窃犯。从中可以看出家庭氛围对孩子的影响有多深。

有一名著名的摇滚歌手，他曾经创作了大量的音乐作品，用自己非凡的才华和不羁年华谱写了一曲曲关于爱和青春的颂歌。这个的歌手对自己的生活、自己的孩子，肯定是有要求的，孩子是不是音乐家不要紧，他只是希望自己的孩子也可以像自己一样，真实、快乐地歌唱，吐露最震撼的声音。

孩子出生之后，他为孩子买来一些国内外的经典名曲，作为孩子的音乐幼教课，希望孩子从一接触音乐开始，就有一个高品质的起点。那些品位低俗的朋友，他都尽量避免接触。

为了照顾妻子和孩子的饮食起居，摇滚歌手为他们母子请了一位专职保姆，母子俩享受到了安乐舒适，他也能从"伺候月子"里抽身出来，安心地坐在工作室，创作新的摇滚作品。

有一天，保姆的家人打来电话，保姆的手机铃声响起，是一首十分咿咿呀呀、情情爱爱，十分低俗的口水歌。摇滚歌手听闻这铃声，立刻扔下笔，从楼梯上冲下来，边跑边喊道："快把你的铃声按掉！"

保姆按掉铃声，心中大为不解。

事后，在一次采访时，主持人提到这件事，摇滚歌手回答说："我不能让一个摇滚歌手的孩子听这种不健康的音乐。"

也许有很多人觉得摇滚歌手太过偏激了，世界上不是只有经典名曲和摇滚乐等几种简单的音乐形式，但应该等孩子长大了，让孩子自己选择自己的喜好。

其实，这些人想错了，许多孩子长成之后之所以没有养成高尚的品格，就是因为在孩子小的时候，父母没有注重周边环境对孩子的影响，对孩子放任自流，缺乏辨别能力的孩子很容易就受到低俗事物的影响，走向不正确的道路。

因此，家庭环境的精华和升华，应该从孩子小时候就营造好。

家庭生活环境的艺术化

父母要尽可能让自己的爱居环境富有美感，舒适，让孩子生活在一个整洁、优美而又安静的环境里。但是，不宜将房子布置得富丽堂皇、豪华气派，否则，容易让孩子滋生一种浮华、奢侈的恶习。应要求孩子从小学会自己收拾房间，把书包、文具、玩具等放在固定的位置，指导孩子在室内外种点盆景花草，在室内挂名人字画或孩子自己的绘画作品，抄几条格言警句挂在墙上，这样将对孩子审美观点的形成和性格的陶冶大有好处。

如果你为自己的孩子营造一个舒适温馨、诗意盎然的房间，书桌上摆放着文房四宝，书架上摆满了各种文学名著，你时不时地当着孩子的面，翻翻书，练练字，你的孩子长期耳濡目染，难道不会效法你的样子，也热爱读书写字起来？而如果你天天约上三五牌友在家中打扑克、打麻将，或者在家中摆上几桌，吞云吐雾，喝酒唱歌，你的孩子天天受到这种环境的熏陶，试问他又有多大的自制力能够洁身自好，不受到你们的干扰和影响，专心致志地读书学习呢？

因此，家庭生活环境的重要性不言而喻。孩子的学习进步主要受到主观因素和客观因素双重影响。其中，客观环境是不可或缺的重要方面，父母要懂得为孩子牺牲，即便你不爱读书，不喜欢音乐和美术，你也应该为孩子营造一种文化氛围，让孩子爱上读书、音乐和美术，甚至，在必要的时候，你要当孩子的伴读，跟孩子一起学习进步。

皮皮接触生物学的时候，我心中很有一些担心，因为生物学不是我擅长的科目，我对它几乎一窍不通，看到那些野生动物、昆虫飞蛾之类的图片，我心中还有些害怕。但是，为了让皮皮提起对生物学的兴趣，我特意把皮皮的书桌进行了一些改造（当然，是在他允许的情况下），我为皮皮购置了一些动物的橡胶模型，让他可以更直观地了解动物的习性和身体结构。

开始的时候，皮皮对生物学的热情也并不高涨，但是，当他看到那些可爱的动物模型时，又不由自主地看上两眼，为了把不懂的地方搞明白，他又不得不去书上查找资料。久而久之，皮皮对生物的兴趣日渐浓烈，成绩也稳步上升了。

养成读名篇、听名曲、看名画的习惯

父母要尽可能地创造条件，带着孩子一起遨游艺术的宝库。简单易行的方法有很多。诵读诗词和戏剧片断，让那些鼓舞了几代人的著名词句依然发挥激励作用，例如"欲穷千里目，更上一层楼""风声雨声读书声，声声入耳；国事家事天下事，事事关心"，以及《雷电颂》等。

与其让孩子在庞杂的资料、信息中迷失，不如让孩子优先接触经典。名著、名曲、名画是在漫长的历史时期、在世界范围内经受住了最广泛人群考验的传世之作，它们的高尚优质是受到人们定评的。父母完全可以放心让自己的孩子多接触这些。

通过对名著、名曲、名画的欣赏，你的孩子不仅能够得到美的享受，而且能够在其中发现新问题，为自己审美、鉴赏、创作能力的提升提供基本保障。《滕王阁序》流传了千年，人们依旧津津乐道；《蒙娜丽莎》微笑了数百年，人们仍旧猜不透她微笑的含义；《雨滴》《离别》演奏了二三百年，人们依然为"钢琴诗人"弗里德里克·弗朗索瓦·肖邦的天才叹服不已……你完全不必担心自己的孩子在名作中得不到新的养分。名著、名曲和名画是无穷无尽的宝藏。

　　皮皮刚开始学钢琴的时候，总是不喜欢弹奏复杂又枯燥的世界经典名曲，反而只是对一些简单的、不需要太多技巧的儿歌感兴趣，虽然练习得也算刻苦，但是效果却不尽如人意。练来练去总是不见显著的进步。我知道这并不是皮皮本身指法和技巧的原因，问题的根源应该出在"儿童入门曲"上。这些曲子原本就是为初学者所提供的，是通向钢琴之路的一个媒介和桥梁，之所以学习它们，是为了进入音乐的大门，如果只是在"桥"上徘徊打转，怎么能够取得更大的进步呢？皮皮只怕永远将是个钢琴的门外汉了。

　　所以，我建议皮皮停止这些简单曲目的训练，就算不情愿，也要练好经典曲目，这才是钢琴学习的正路，是不可忽视和回避的。

　　皮皮只得安下心来，勤加练习，名曲的魅力是巨大的、不可言说的，等到皮皮真正进步了，也就再也放不下这些经典曲目，也再也不屑于去接触那些浅显的曲子了。

第七章 学习不光是从课本中汲取知识

——请善待孩子的"为什么"

1. "为什么"是那么宝贵

听说过爱因斯坦著名的"大圈小圈"理论吗？一个人的知识好比是广阔的天地里的一个圆圈所能包围的空间，每个人都有自己的知识圈，对于整个知识领域来说，都是很渺小的。知道得越多，圈子越大，与圈外未知世界的接触也越多，所以不知道的会更多。当孩子缠住你问为什么时，说明他已经拥有了自己的"圈"，并且在有意识地向外扩张他的圈子。你暗自高兴吧，他的问题越多，说明他知道的也越多了。孩子口中的"为什么"，是他发出的成长的冲锋号。

细心的父母会发现，孩子从三四岁起，脑子里就开始充满了疑问，"天空为什么是蓝的？""太阳为什么从西边落下？"面对这些问题，有些父母会显得不知所措。一方面是因为孩子的问题千奇百怪，已经超出了自己的知识范围；另一方面，父母还会怀疑自己的孩子是怎么了，一个小脑袋瓜里居然装了这么多问题，他是不是得了"多问症'了？

其实，这是父母多虑了，面对孩子各种各样的、源源不断的问题，父母不仅不应该回避、困扰，反而应该为孩子的"发问"能力感到骄傲。

世界上很多取得杰出成就的科学家，他们科学探索之旅的第一步，都是从问"为什么"开始的。如果当年苹果树下被砸到脑袋的牛顿只是站起来抱怨几句自己的倒霉，然后朝着树上踹两脚，最后再兴冲冲地啃起那个"肇事"苹果的话，相信万有引力定律的产生，恐怕不知道还要往后推迟多少年；如果没有那个爱刨根问底，追着妈妈问"为什么母鸡可以把鸡蛋孵成小鸡"的爱迪生，那么我们的科学发展，可能会因为缺少他的存在而滞后许多年。

你的孩子能够提出那么多问题，说明他是处于思考中的，面对新事物、新闻题，孩子没有照搬或者盲从其他人的意见，而是大胆地发挥了自己的怀疑精神，在自己已有知识的基础上，进行了假设和推理。孩子知道自己的知识是有限的，还不足以证明自己论断的正确与否，所以孩子很谦虚地向自己的父母亲发问，希望得到父母的帮助和鼓励。在这种情况下，父母若能正确看待孩子的用意，恰到好处地给他们需要的解答，就会在精神上给孩子以莫大的鼓舞和安慰，让孩子觉得自己的想法是有价值的，值得进一步进行下去。相反，如果父母对孩子的发问表现出不耐烦的情绪，就会令孩子的自尊心受挫，阻碍其思考的进一步进行。

"为什么"是人类发展的开路先锋

善待"为什么"，就是为人类文明继续保持燎原的火种，善待"为什么"，就是善待能为人类造福的智慧。

人类的本性向来不是逆来顺受的，人们会积极地去探索和改进自己身处的环境。"为什么""怎么办"是人们进行一切变革的开端和进行到底的引擎。"为什么"是已有学识经验加入新的想象和理解而衍生的新思维。没有"为什么"，就不会有五千年的文明发展，"为什么"一路引导人类从茹毛饮血到名满天下的中华八大菜系，从图腾崇拜到亲临月宫，从诸侯争霸到中庸统一，从食不果腹到安居乐业。只有想不到，没有做不到，如果倒退回几十年前看我们现在的生活，就是那时的梦想。远的且不说，如果二十世纪三、四十年代以前广大的人民在受屈辱和压迫之时，没有有识之士问"为什么"，并积极地探求，引领人民推翻三座大山，如果没有革命志士心怀安居乐业的梦想去问"怎么办"，去浴血奋战，那我们现在的幸福生活依然只是存在于梦想中。"为什么"还将继续引领我们开拓更美好的生活，只要心存"为什么"，我们就有前进的目标。世界是无限的，仍有数不尽的"为什么"等我们去发现，去寻找答案。孩子就是继续开创未来的人，他们的行动也将由"为什么"来引领。任何时候，"为什么"都可能成为影响孩子一生的指路明灯。善待"为什么"，就是为人类文明继续保持燎原的火种，善待"为什么"，就是善待能为人类造福的智慧。

"为什么"是主动的学习方式

孩子在成长过程中，不只是在学校中学习，在生活中也都在学习，学习的内容不同，但形式相似，无非看、听、记、思考，前几项很简单，独有思考是学习中最重要的一环，提纲挈领的文章、举一反三的题目，都是靠思考而来，才思、灵感都寄于思考之上。就像人类的其他能力一样，平时不努力，用时方恨少。思考更是一种思维习惯，我们如果只在考试时被迫思考，可能大脑就会像生锈的机器。如果我们在平日遇事就爱思考，那我们对思考就轻车熟路了。当然，对成人来说，认为生活中似乎很多事情是理所当然、循规蹈矩就可以了，没有什么需要太多思索的，这也是当孩子问"为什么"的时候，很多父母不耐烦的原因。孩子的"为什么"真的很幼稚可笑吗？其实未必父母能很好地解答孩子的问题，尤其当孩子到了小学，孩子问的很多问题父母已经很难全面地解答。重视孩子的"为什么"吧，孩子的思维已经有了一定的深度，是值得父母珍视的，因为那是孩子主动地想学习，是孩子就自身的问题寻求外界的帮助，从被灌输转而主动地求助，这样的学习更有针对性、更有效果。如果父母能让孩子每一个"为什么"都成为一次完美的体验，从问"为什么"，到寻找答案，到醍醐灌顶、恍然大悟，那是对学习多么好的诠释呀，有了这么好的体验，孩子会在今后的学习中频繁使用这种自发的方法，其效率是那种强迫或填鸭的方法所远不能及的。"为什么"是人类最原始最本能的学习方法，也是最值得我们发扬的传统。

　　皮皮小时候玩儿过很多汽车模型、赛车玩具，但没有几个能完整地保留下来，基本都拆烂了，最后被丢弃，现在仅存的两个也都是经过他反反复复拆装过的。

　　他还请我帮他在图书馆借汽车机械结构的书，煞有其事地研究过几天。无论如何，我不得不说他现在的手很巧，也很爱动脑筋。

　　以前，家里给花喷水的塑料小壶用一段时间就怎么按都喷不出水了，我东看西看不知其所以然，一直叹气现在这产品质量太差，无奈只有将它们丢弃，再买新的。可皮皮8岁那年，当我又要无奈抛弃一把小壶时，他主动拿过去研究，很快就帮我把喷水壶修好了，原来他发现是壶嘴很细小的孔堵塞了，用针将它捅开就好了。我怎么就没想到小小的水垢会捣乱呢？后来，喷壶还是经常罢工，但是皮皮一来，马上复工。皮皮肯定没学过修喷壶，我也不确定是不是拆汽车玩具让他具有了修理其他东西的能力，但是无疑他是在生活中先有了"为什么"，然后动手动脑去寻找答案，最后有了收获的。

　　以这种方式用于学习比通常被动学习的宝贵之处，在于能够举一反三，不仅针对他的一个"为什么"得到答案，经过这种经历，未来再有多少同类的"为什么"，问题也会轻而易举地迎刃而解，这才是最有效的学习方式。

2. 父母，还等什么？快来帮忙吧

　　成人已鲜有兴趣和耐心去探索"为什么"，而孩子还有着可贵的思索，在问父母的同时，其实孩子也在问自己。帮助孩子、鼓励孩子去发现为什么，就是帮助孩子、鼓励孩子去开拓探索。

　　孩子在问"为什么"的时候，是在表明对知识的渴望，对世界的认识的愿望，这种高级的愿望是继孩子对吃喝用度的需求之后表现出来的更智能、更进步的愿望。父母在孩子饥饿时会马上准备营养的饭菜，在这种孩子表示出的另一种更高层次的饥渴出现的时候，父母也不应该忽视和拒绝，这是精神和心灵的要求，是孩子智慧发展需要的食粮，你还等什么，快来帮忙吧，尽你所能帮助孩子准备一顿营养大餐吧。

间接地帮助孩子

　　当孩子在敲"为什么"的大门时，父母要尽力去帮助孩子，但不是代替孩子去敲门。父母的角色永远是孩子的助手，孩子需要木棒，就递给他木棒，孩子需要砖头，就递给他砖头。一切行为目的在于帮助孩子提高效率，而不能影响孩子的决策。

　　当孩子提出"为什么"时，不是给父母设定了一个课题，而是在问自己，在辗转寻求答案。无论最后问题是圆满解决还是悬而未决，对孩子来说都是成功地走完一个过程，掌握了一次从始至终的问题解决之道。就像实验一样，再多次的失败也不是坏事，至少否定了一种假想的可能。父母在孩子的成长之路上不能总想唱主角，要"与时俱退"。随着孩子一点点长大，父母则慢慢退出孩子成长的舞台，把孩子推到主角的位置。这样，等孩子一旦长成，就已经适应了主角的角色，敢于独立、敢于冒险、敢于担当。当孩子问"为什么"时，是多么好的一个机会，让孩子自己做开路的先锋，拿定自己的主意，汲取他自己的需求，去攻城略池。父母这时肯于只做伶俐的助手，对自己来说是一种小小的压抑，对孩子来说却是一种难得的锻炼和经历。

　　有一次，皮皮爸爸的一个老同学出国回来，请我们全家到西餐厅吃饭。席间，皮皮爸爸和老同学相见甚欢，笑谈声不断。我和皮皮礼貌地打过招呼之后，便开始安心地吃我们的饭。皮皮很少吃这类食物，他对自己餐桌上的食物分外感兴趣，尤其是那个法国蜗牛，皮皮一边夸赞厨师做得好吃，一边盯着蜗牛思索着什么。

　　这种状况持续了一段时间之后，我问皮皮今天为什么吃得三心二意，是不是因为饭菜不合胃口，所以才总盯着蜗牛看。

　　"不是的，妈妈。"皮皮说，"我是在思考一个问题。"

　　"什么问题呢？"我问皮皮说。

　　"我想知道这些蜗牛是怎么来的，它们会不会像人类一样生小孩子呢？"

　　我想要告诉皮皮蜗牛的繁衍方式，话到嘴边，忽然又想到，皮皮最近比较喜欢研究生物学，不如让他自己寻找问题的答案，这样能让他更为直接地观察，记忆也更为深刻，说不定会对生物产生浓厚的兴趣，成为一名生物学家呢！

　　于是，我给皮皮说，这个问题皮皮应该自己去寻找答案，问妈妈或者查书本都不会有什么意思。

　　"可是我没有机会见到蜗牛是怎么来的呀。"皮皮非常遗憾地说。

　　"妈妈帮你找几只蜗牛，你养着它们，然后自己来找答案，观察它们能不能生小蜗牛，这样好不好？"我问皮皮说。

"太好了。"皮皮说，"我的同学谁也没有养过蜗牛呢。"

吃过饭之后，我找到餐厅的厨师长，解释了皮皮的问题，厨师长非常喜欢聪明可爱的小皮皮，于是破例答应送给我们几只胖胖的法国蜗牛。

皮皮高兴地把它们带回家，喂食它们最喜欢吃的绿色植物，精心地照料着。蜗牛的牙齿有一万颗之多，很小很细，吃起东西来总是慢吞吞的，皮皮却一点也不厌烦地蹲守在蜗牛窝的前面，细心观察，将每一个细节都记录下来。

最后，皮皮不但找出了蜗牛生小蜗牛的答案，还为蜗牛写了一篇科普性的说明文，老师帮着皮皮参选了作文竞赛，拿到了一等奖呢！

不要害怕困难

只要是探索未知，就会碰到困难。人类的文明博大精深，发展历时也以千年计。孩子在探索心中的"为什么"时，同样会碰到意想不到的困难。孩子可能碰到他认为自己有生以来最麻烦的问题、意义最深刻的问题、最难以解决的问题，对父母而言也是如此。这正是"为什么"的可贵之处，它让人们远离想当然，让人们真实地面对社会的复杂、自然的神秘，提醒人们除了享有眼前的知识外，还要放眼外界无垠的未知领域。

皮皮很小的时候就开始接触一些比较难的问题，比如他曾经反复演算过哥尼斯堡七桥问题，那是一道很著名的数学难题，题目是这样讲的："十八世纪的时候，在东普鲁士的首府城市格尼斯堡有一条纵贯城市的河流——普莱格尔河，河面上有七座桥梁将各条河岸连接起来。格尼斯堡散步的人们想出来这样一个问题：能不能既不重复，又不遗漏地走完全部的七座桥呢？自从这个问题诞生之后，无数人曾经尝试着去走这七座桥，人们尝试了各种路线，都没能完成任务，请问你知道如何完成吗？"

当我看到皮皮拿着这道题目在草稿纸上演算的时候，心中大为感动，他还是一个孩子，很多数学公式和计算方法都不懂，就要用他的小脑袋去解决这样的问题，实在是难为他了。可是皮皮却是一副"不算出来誓不罢休"的表情。

我告诉皮皮说，这是一个无解的数学题。在当时，一个叫欧拉的著名数学家就已经证明过了，你想尽任何办法都是不可能一次性走完七座桥的。

但是小小的皮皮却一点也没有罢休的意思，他相信自己能够凭借自己小脑袋瓜里的聪明才智赋予这道著名的数学难题新的答案，他要找到一次性走完的办法。

我不禁为皮皮的钻研精神所感动。既然皮皮已经下定决心，我就支持他的决定，即便不能有任何突破，但是至少，皮皮会从这道难题中得到一些启发。

几天过去了，皮皮照常上学、做作业、看电视，我以为皮皮已经忘记了这道难题。谁知道，晚上送他回屋睡觉的时候，我在他枕头底下又翻出了这道题的草稿，横七竖八、密密麻麻地画满了一张又一张的算草纸。而且，更令我大为吃惊的是，皮皮已经不再在画着桥梁和河道的复杂原图上进行演算，他已经把它们简化成一个"七个点，一条线"的问题，就像练习一笔画一样，皮皮在草稿纸上一次又一次地点上七个点，又一次一次地试着将它们连接在一起，虽然结果仍旧还没有成功，但是我仍旧开始钦佩皮皮的智商，一个年纪还这样小的孩子，竟然能"攻关"到这种如醉如痴的地步，难道不值得我们这些成人们学习吗？

在孩子的成长中，父母不要怕和孩子一起承担难题，太轻易解决的题目没有太多挑战性，长期让孩子泡在简单的题目中，可能会让孩子产生"世界就是这样简单"的错觉。而事实呢？父母都知道，科学和社会的复杂程度是需要每一个孩子花尽许多心思去琢磨的。我们要带着孩子感受难题、体验难题、解决难题、享受难题，在一次次的难题攻关中教会孩子乐观坚韧地应对人生风雨的道理。

　　遇到困难正是锻炼孩子的机会，帮助孩子尽力坚持下去，一直到有所收获为止，尽力而为在这时最能够直观的体现，因为探索的过程是一步步的，你能清晰地感受到你的每一点努力所得到的结果。正是这种愚公移山的感觉让孩子的意志力一点点增强，再坚硬的山你也能松动它的，哪怕一颗石子。而父母更不能在孩子面前显露一点畏难的情绪，在对"为什么"的探索之路上，最好永远别敲退堂鼓，让学习和探索的战场随时迎接勇士归来。

3. 不动声色地让孩子保持问"为什么"的习惯

孩子问"为什么"，是在成长之路上蹒跚学步时的探路之举，问道越多，得道越多。如果孩子不问了，说明孩子已无前行的兴趣。父母怎样让孩子一直兴趣盎然地探索前行，则是考验父母智慧与爱的难题。

孩子问"为什么"是一件好事，也是一件很自然的事情。父母能够让孩子意识到提问未知应该是自然和从容的，就像吃饭穿衣一样，并不是正常生活中的特殊之举。孩子慢慢地形成习惯，在遇到不知道的事情时就会敏锐地提出自己的问题和疑惑，然后寻找途径去解决问题。

学会问"为什么"是孩子探索发现的第一步

问"为什么"其实和学习一样，是孩子成长的必经之路，父母能够帮孩子的最好办法就是默默支持，让孩子一直充满兴趣和快乐。而过于殷切的参与和过程中的严密督查，同不予支持一样都会损害孩子的兴趣，从而让求知之心改道易辙。孩子在一天天地长大，当他决定一个人独立地做一件事情时，父母的关心应该不露声色，在孩子需要帮助的时候默默支持，在孩子失败时不大惊小怪。让孩子感觉自己是自由独立的，而又不是孤立无援的。这样，在下一次遇到问题时，孩子还会勇敢地提出来，去勇敢地寻找答案，勇气和兴趣始终陪伴着孩子的成长。

皮皮在小学三年级的时候，从一个朋友的口中得知化学是一个很有意思的学科，各种东西混合在一起就会发生意想不到的反应，还可以生成新的东西，皮皮那些天总追着我问一些化学材料的事情，他是想自己亲手做实验。

我看他兴趣浓厚，就帮他找来了专为他这么大的孩子准备的实验套装，还配戴着一本讲解册。他自己就开始饶有兴趣地研究起来，他大多数时间都在随心所欲地混合配比，并没有完全按照书上写的做，我不想让过于理论的东西阻碍了他的兴致，就没有给他灌输太多理论，他的兴致维持了很长时间，其间也有很多的意外惊喜，往往他会拿着反应后的器皿让我看，好像自己变出了魔术一样。

这套东西至今还保留得很好，我想他从这里得到的很多感受是新奇的，还有很多的"为什么"同时留在了他的潜意识中，在未来学习化学学科时，那些"为什么"自然会跳跃而出，而他将通过学习而恍然大悟。这种领悟是深刻的，会让他感受到学习的重要性和体验收获的那种美好的感觉。

发问是孩子成长进步的原动力

如果你的孩子一直保持在"发问"的状态，即便他的问题看似无稽，你都应该鼓励孩子去问，对孩子的提问给予答复和赞美。常问"为什么"，说明您的孩子思维是高速运转的，他没有得过且过地生活，没有"考及格就万事大吉"的心态，而是拥有着端正的学习态度、积极的学习热情。

不要让孩子的学习热情在一次次的沉默中消磨殆尽，要让孩子充满对新事物的好奇和兴趣，让他们不停地发问，知道探究事物的本质。与父母和老师为孩子留的填鸭式的作业相比，那些自主发现的问题，孩子们往往会显出更大的热情，他们一旦找到问题，就等于找到了探究事物内部规律的突破口，通过自己的设问角度入手，孩子们总能顺藤摸瓜，找到更多的问题的症结，获得更多的知识。让孩子保持问"为什么"的习惯吧，你会看到孩子在发问中获得的进步。

皮皮的成长进步就是在一次又一次的"发问"间自然地完成的，一开始的时候，我还对皮皮那些各种各样的稀奇古怪的问题感到头疼，但是为了让他保持发问的习惯，我还是会很有耐心地逐一去回答他的问题，不管他的问题多么小，也不管他的问题多么稀奇。我知道，皮皮只要保持住了发问的习惯，就等于保持了对学习的兴趣，而兴趣，是学好一切知识的基础。

知识总是日积月累、聚沙成塔的，一个又一个小的问题，一个又一个小的答案，构筑起了皮皮的知识结构，他懂的越来越多，知识越来越丰富，这是令我感到愉快的一件事。如果没有他的爱发问，这一切是很难完成的。

4. 客观地认识社会问题，善待孩子多视角、多层面的问题

　　孩子在成长，他们会多视角，宽范围地提出问题，涉及力所及的自然科学和社会科学范畴的问题，我们就要指点给他，不要因为他是个孩子，就避而不谈一些涉及成人社会的事情。孩子能够看到问题，说明他已经具有了相关事物的理解能力，父母应该深入浅出地将事物的本质试图揭示给孩子，任何一个豁然开朗的问题和增加新知的感觉，都会刺激孩子的大脑发育和成熟。

　　除了对于科学知识的问题，孩子还会对许多的身边事、社会现象、成人行为提出"为什么"，有的父母会认为某些现象难于向小孩子说清楚，于是就一句"小孩子别问那么多"给打发了。如果父母不让孩子问，那孩子的问题就消失了吗？不会的，孩子会去找别的机会弄清自己的问题，但那时父母就无从知道孩子得到了什么样的答案，因为你曾经拒绝与孩子探讨，孩子也不会将自己的答案与你分享。然而，孩子往往问的有些问题虽然是父母难以解释的，但都是每个人生命中必须面对的一些重大问题，此时不解答，或许父母就失去了为他解答的机会，而孩子虽然最终在其他地方得到了答案，但是并不能分辨真假，可能就照单全收了。这样很有可能给孩子造成人生观、世界观上的伤害而父母却仍浑然不知。孩子询问的很多涉及心理成长的问题父母要在第一时间用最客观诚恳的语言给予解答。当孩子好奇地问妈妈小孩子是怎样生出来的时候，孩子已经懂得感受生命的宝贵和美好，孩子期待一个让他更加确信自己的感觉的答案。尽量和缓地、委婉地告诉孩子爸爸妈妈的相亲相爱才让他来到这个世上，虽然孩子听了会感到有一点害羞，但是孩子肯定还怀有一丝喜悦，因为孩子证实了自己生命的可

爱和可贵，从而会感到更加幸福，也在未来的人生中更珍惜自己的生命。当孩子提出有关离家出走的问题时，即使他今天提出这个问题并不是自己想这样做，但是在与父母相处的成长阶段内，一旦双方发生冲突，很多孩子都有离家出走的冲动，那时孩子不会再征询我们的意见，我们也已经没有机会在事情发生前给孩子解释。

记得皮皮有一次看了电视后问我，有的孩子为什么要离家出走，我给他讲了一个故事。

有个孩子觉得妈妈打了他，不爱他了，就离家出走了。走了很久，当他又累又饿的时候，来到了一位陌生的老婆婆家，这位老婆婆很善良，收留他住了一晚，老婆婆给他煮了饭，安排他休息，这时孩子发自内心地向老婆婆道谢："您对我真好，谢谢您。"

老婆婆笑眯眯地说："我只给你煮了一顿饭你就认为我好，那你的妈妈天天给你煮饭吃也从不抱怨，你为什么不感谢你的妈妈，还从家里跑出来呢？世界上只有自己的妈妈能做到这样啊。"

孩子听了这句话，如醍醐灌顶，感觉很惭愧，赶快回家找他的妈妈去了。

一顿饭是谁都可以提供给孩子的，但不计年月地天天为孩子做饭，只有自己的父母才能做到，孩子很容易明白这是为什么。这浅显的小故事提示了母子情深的道理，让孩子明白谁是最爱他的人，让他知道家庭和父母给他带来的温暖和爱是从别人那里所不能企及的，有了对父母的这种默默而深刻的爱的理解，一点点的不愉快有什么不能解决的呢？何至于离家出走？况且离开了家就意味着要失去这么多的爱。让孩子对家的感觉更深刻一些，孩子不仅不会轻易地去想离家出走，还会在学习上更加努力。

我经常告诉皮皮，我们家的幸福就是一张圆桌面，爸爸、妈妈和你是圆桌的三条腿，每个人都做好自己应该做的事情，就是都在支撑着这个平稳的桌子，如果任何一条腿不务正业，整个桌面就会垮塌，幸福就会大打折扣。孩子，你就是其中的一条桌腿，这个家的幸福离不开你的支撑，你要让自己变得越来越强壮，越来越有能力，就能把这个家的幸福撑得更加牢固。这样形象而简单的比喻让孩子知道了自己对于家庭的意义和价值，孩子会有责任感和爱去努力，而不会轻言放弃。

皮皮很小的时候，有一次跑来问我，人都会死吗，我不想欺骗他，就告诉他是的。他泪水涟涟，问道："那爸爸妈妈也会死吗？"

我想既然孩子已经思考这个问题了，我既不能不让他知道真相，又不能吓着他，我应该让死这个字眼变得不那么可怕，因为在未来这个字眼还会有很多时候会出现，我希望那时他能够从容一些。

记得当时我告诉他，死不是什么可怕的东西，很简单，就像白天累了，夜晚要睡去一样。人有一天会做不醒的长眠。我们要珍惜时间，要及时地把该做的、想做的事情做好，不负这生命中的每一天。一个人在活着的时候认认真真地度过每一天，尽情地工作和学习，尽情地享受幸福和平静，直到有一天，该做的事情他也做好了，他感到很幸福和骄傲，他很满足，也很舒服，只是他觉得有些累了，也没有什么事情让他惦记了，所以他就想睡一个最大最大的懒觉。皮皮的恐惧随着自然的讲解慢慢减缓了很多，问题由死向生的悄然过渡，让他更意识到时间和生命的有限和宝贵，他会更懂得珍惜和感恩。他会更加向往和努力创造自己的幸福，增强对轻视生命和爱的抵抗力。

一些涉及人生的另一面的问题似乎不适合与如朝阳般的孩子谈，但是当孩子的目光已经在坚定地询问时，我们应该深入浅出地将事物的本质揭示给孩子，任何一个豁然开朗的问题和增加新知的感觉，都会刺激孩子的大脑发育和成熟，都会帮助孩子克服在成长道路上将会遇到的一些困惑和挫折，都会帮助孩子将更坚毅的目光投向远方。

客观地认识世界，学会选择性地吸收外界信息

孩子对外界的信息和诱惑往往轻而易举地接受，任何一种诱惑都足以与他们对学习的坚守相抗衡。以浅显的解释告诉孩子，并不是所有鲜活的广告都是名副其实，并不是所有的口号都要接受，并不是所有的诱惑都值得跟从。孩子应该学会对事物存疑，学会客观地判断事物对自己是否有益，然后选择性地吸收。而不是来者不拒，全盘接受。

当皮皮第一次无意中听到我们谈论一张报纸上刊登的某罪犯的案例时，他感到非常吃惊，因为他隐约意识到了现实社会中可能真的有故事中的大灰狼存在，而且从外表看与善良的人一般无二。他感到一丝疑惑，一丝恐惧。

这时我告诉皮皮，人的世界犹如丛林世界，人的共同外表下隐藏的性情却有如丛林中的各种动物。做一个不惧怕、不欺负、谦逊而有力量的人，就会促进这丛林的自然和谐。

这恐怕是孩子在认真思索这世界的复杂的第一课，但报纸上的罪犯照片让他感受到了这一课的真实和严肃。他小小的年纪在震惊中认识到了这社会中有些人是看上去很仪表堂堂，却能做出令人发指的坏事。我想他对这个世界有了更深刻的认识，但丛林的比喻又让他能自然地接受现实，而不至于对一些社会的阴暗面感到惶恐。其实，我们的孩子身心都有面临危险的时候，但他们如果不被告知这种危险性，他们就学不会保护自己。真正丛林中的小动物因为同父母一样暴露在自然中，所以它们从小就懂得危险的存在和怎样去逃避危险。而我们的孩子一直在父母的羽翼下成长，在关爱和呵护中成长，如果我们再不告知他们社会上

的确存在危害他们的因素 那他们将很难识别危害更不会保护自己。在商业社会中，太多重利轻德的商人不以孩子们的身心健康为前提，他们或生产不利于孩子身体健康的食品，或引进暴力、血腥甚至色情的垃圾动画片或游戏，让孩子沉迷其中，这些极端不负责任的商业行为对孩子的身心健康造成了严重的影响。那些所谓的文艺作品与日常正统社会所奉行的道德文化相背离，侵蚀孩子的世界观，歪曲孩子纯洁的心灵，甚至有人以"文化侵略""鸦片战争"来形容外埠垃圾文化的引进。这些未被严格管制的商品、舶来品，除了给商人带来暴利外，毫无教育价值可言，只能对孩子造成伤害。然而，父母却无力在孩子身边形成有效的防护，因为这些伤害带着对孩子诱惑的假面无孔不入。我们只有让孩子明白，有些人为了利益和钱财可以侵犯别人的健康和精神。孩子们要提高警惕，不要轻易信以为真，学会判断和思考。而父母更不要认为只要孩子玩儿得开心就行，要经常从侧面观察孩子在做什么游戏，是否是健康的、有意义的。要不动声色地指导孩子，让孩子在平常小事中学会动脑筋判断和选择对自己有益的信息。

父母切记要"知之为知之，不知为不知"

做人和求知的基础同样都是诚实的，诚实高过其他一切素养。家长在引领孩子求知探索时，当以"知之为知之，不知为不知"为原则，否则，不仅耽误了孩子，而且早晚会被揭穿，进而失去了表率的威信，甚至可能将孩子引入浮夸的歧途。

每个人都喜欢走捷径，如果走得对，这是一种省时省力的妙法。孩子也一样，在他遇到问题时，首先想通过嘴巴问出直接的答案，就像见到了生字不去查字典而来问父母一样。孩子这样做，一个原因是想快速解决问题，另一个原因是他对父母很信赖。当父母回答孩子的问题时，需要首先想清楚自己是否真正地、确切地知道正确的答案，如果我们的答案是猜的，那就不能真正地帮助孩子解决问题，可能还会给孩子埋下了一颗小地雷，不知哪天，不期而至的爆炸会搞得孩子一脸灰土。

即使你知道每一个问题的答案，也需要偶尔故意告诉孩子你不知道。你也不知道的问题被孩子提出来，说明孩子的思考到达了一定的深度，孩子会为能问住父母有一丝丝的得意，这会更加激发他求知的兴趣和信心。

另外，当我们真的不懂时，不要因为面对孩子信赖的目光而羞于说不知道。知之为知之，不知为不知，我们诚恳的坦白会让孩子感到你对他所提出问题的尊重和认真，不仅更大地激发了孩子找到答案的兴趣，而且让孩子学到了实事求是的品格，这不论在学习中，还是生活中都是可贵的精神。而父母不懂装懂，早晚是要被实践揭穿的，不仅丢了自己面子，也误了孩子的认知，甚至容易将孩子引入浮夸的歧途。

每位父母都是孩子的启蒙老师，在孩子眼中还是最全能的老师，父母的教导孩子一般记得很牢。如果教错了，孩子可能就一生将错就错了。在现代教育很普及，所以很多荒谬的解析都能在课堂上、书本上被纠正过来。举一个很简单的例子，被传了几千年的天狗吃月亮的传说，在今天没有孩子会再去相信。但怕的是挂一漏万。

我记得小时候妈妈让我去买冰棍，那会儿都拿着一个搪瓷缸儿或塑料舀子盛着回来，到了家，容器外壁上已经挂满了水珠，我奇怪地问妈妈为什么会有水珠，妈妈告诉我，什么东西都是会有微小的孔隙的，所以我一直以为那水珠是漏出来的，直到读初中物理的时候，学到空气中有水蒸气，水蒸气遇冷凝结，这时我才发现真相，但是我那时心中隐隐感觉有些失望，原来妈妈也不是什么都知道，而且当初不该那样煞有其事散布错误。

我想在每个人的生活和工作中，都曾经出现过这种不懂装懂的情况，但是我们一旦为人父母了，就一定要将这个毛病拒之千里，以谨慎客观的态度去对待问题，我们对孩子说"不知道"其实不丢面子，而是教给孩子实事求是的精神，不懂装懂却是真正把信任和形象都丢了。

大胆地说"不知道"，然后跟孩子一起探索答案

作为父母，您一定遇到过被孩子难住的时候吧？现在小孩子的智商、情商似乎都太高了，他们总有千奇百怪的难题等着我们来回答，那些题目，有时候是会超出我们的知识和阅历之外的。在我们读书的年代，很多新鲜事物还没有产生，很多科研项目还没有成功，即便念到硕士、博士，我们也只是专攻一个领域、一个课题，学文学的不懂得数学，学数学的不了解生物学，学生物学的不知道天文学为何物。

可是孩子的问题天马行空，从文学到数学，从生物学到物理学，几乎无所不包，在辅导孩子学习的时候，偶尔遇到一两个连自己都不太清楚的问题，也实在不是什么没有颜面的事啊。

当遇到自己不懂的问题时，您会怎么做呢？含糊支吾过去，装作没听见，给孩子一个错误的答案敷衍了事？

很多父母希望可以在自己的孩子面前营造一个无所不知、无所不能的角色，觉得自己是孩子的天，只要孩子遇到困难，自己是可以像超人一样帮助孩子，给出孩子一个确切的答案的。如果告诉孩子连自己都不知道答案是什么，孩子可能会对自己失望，对学习产生厌恶情绪。

其实父母的这种担心大可不必。面对难题，父母应该大方地告诉孩子"自己不知道""不清楚"这个事实，不要怕自己会在孩子面前丢失脸面，孩子没有那么多的心机，孩子只是希望得到帮助，找到正确答案而已。

被人们称作"哈佛三才"的卡尔·威特的父亲就有一套"诚实"的教子经。在卡尔·威特还很小的时候，他的父亲就懂得培养他的发问能力，即便卡尔·威特有时候提出的问题连自己都难以回答，他的父亲也毫不介意，而作为父亲更享受的是让孩子发现问题，并与孩子一起解决问题，并

获取新知的过程。

有一次，父亲带着卡尔·威特去植物园散步，卡尔·威特面对园子里的奇花异草，心中充满了好奇，每当见到一朵不知名的小花，或者见到一株陌生的植物，卡尔·威特都会回头问自己的父亲，这朵花叫什么？这株植物又属于什么科？

卡尔·威特的父亲有着很渊博的知识积累，对于孩子的大部分问题，他是能够回答，也乐于回答的，但是总有那么几次，卡尔·威特的问题让他也摸不到头脑。每当这个时候，卡尔·威特的父亲不会随便给出他一个答案了事，而是诚恳地告诉他说："爸爸也不知道，不如我们采集几个标本，回家之后一块儿再查资料研究一下吧。"卡尔·威特非常乐意和父亲一起发现问题，解决问题，和父亲在一起学习进步让他感到十分开心，在这种亲切融洽的环境之下，卡尔·威特学到了许多同龄孩子学不到的知识，为将来成为一个博闻强识的天才，打下了良好的基础，卡尔·威特的父亲不仅是他的良师，更是他的益友。

我也从不担心自己在皮皮面前显露出才学上的不足。

现在的社会和学校都在普及素质教育，着力于锻炼孩子的发散思维能力，孩子们的课本，已经涵盖了十分丰富的知识面。私下里闲聊的时候，我的很多朋友和同事都在抱怨小孩子的题目太过困难，让他们这些成人都解答不了，让自己在孩子面前失了身份。

"在自己的亲生孩子面前有什么'身份'可失呢？"听到他们这些谈话的时候，我常常这么想，"或者说，我们这些家长企图刻意在孩子身上塑造一个什么样的'身份'呢？"一个位高权重、自我专断、无所不能的"家长"形象？

现在已经是二十一世纪了，那些古板老旧的观念早应该抛诸脑后了。与其让孩子惧怕，不如与孩子亲近。

　　在皮皮很小的时候，我也曾经想要树立"母亲"的权威，让皮皮感到惧怕，乖乖地听我的话。我那时候觉得，要想树立这种权威，首先就得把我自己塑造成一个无所不知的样子，让皮皮佩服我。每当皮皮问我一些我并不擅长科目的问题的时候，为了表现出权威感，我有时候会不懂装懂，假装很了解的样子，告诉皮皮一个自己其实并不确定的答案。开始的时候，很容易就将皮皮搪塞过去了，但是没过多久，皮皮就发现了我的"虚伪"，这让皮皮感到很反感，他觉得在我那得到的答案正确性没有保障，居然不再跟我探讨问题了。这让我感到十分后悔，我诚恳地向皮皮道歉，并保证用严谨的态度对待他的问题，他才又一次对我敞开心扉，并对我做出了"知之为知之，不知为不知"的好妈妈的定论。

　　这些年在与皮皮的共同学习和进步中，不仅是皮皮，我也积累了丰富的学习体验，获得了很多先前不太了解的知识。我很愿意被皮皮难住，因为他难住我的次数越多，说明他的进步越大，能发现的问题越多，说明他的知识面在日渐拓宽。作为一位母亲，这是我所乐见的。

第八章 做明智的父母，孩子不是小超人

1. 寻找适合孩子的教育方式

　　每个孩子的心智不一而同，内心世界也千差万别，最了解孩子的只可能是孩子的父母，教育体制的特点和老师的精力决定了学校教育不可能照顾到每个孩子的特点和个性。关心孩子在学校的情况，正当地支持和维护孩子身心健康发展是父母应尽的义务。

　　我们处于一个快节奏的社会，无论做什么事情都讲求效率，对孩子也一样，当然希望他们在最短的时间内可以学到最多的知识。于是，除了学校安排的课业之外，父母会为孩子额外买些练习册、报些兴趣班，让孩子一专多能，甚至在孩子完成了一天的功课之后，还要喧宾夺主地让孩子将业余兴趣当作主业。现在很多孩子都参加过或正在参加着画画、音乐、体育、数学、英语等数项课外辅导班，孩子似乎除了睡觉吃饭，时间都被学习占满了。然而，孩子的成长不会因为父母填鸭式的做法而变得快速。孩子的成长需要潜移默化，以缓慢的节奏让孩子更好地成长。

请相信孩子

　　一个人遇到的挑战太多时，难免显露平庸。而父母们不认为自己给孩子的压力过大，总是在孩子表现大失所望时第一时间将矛头指向孩子。我们在孩子面前总是将自己定位为指挥的将领，却不设身处地地为士兵着想。孩子在课内所学的文化知识，再加上父母给安排的各种课外技艺课程，像应付一场围攻，而且是单兵作战。他们面对的何止是五关六将？孩子必然有慌张唐突，有萎缩逃避，也有战绩不佳，这时候我们做父母的就要指责孩子吗？显然那是不公平的。即便是父母，也只是靠一技之长来立足社会，而不是全能之才，孩子也一样。在孩子畏缩时，父母要给他更多的勇气，帮他一起度过。请允许孩子有表现平庸之处，因为他的出色远比平庸多得多。

我希望皮皮能够多体会音乐带给人的神奇和快乐，于是我给皮皮报名参加了一个口琴班的学习。尽管我给皮皮描绘了一个很美的画面，鼓励皮皮勇敢地走进音乐的世界，但是皮皮还是退缩了。

由于从小受音乐的熏陶较少，他非常缺乏乐感，虽然他也很认真努力地学了，但是在课堂上，因为他的音总找不准，老师也耐心有限，所以他总是被老师点名最多的，口琴课一次比一次学得不愉快。

只学了半个学期我就不再让皮皮学了，因为我不想让他在无奈和压力下学习音乐。但是我并不认可皮皮爸爸说的这是我们家人没有音乐细胞的缘故，孩子的成长道路很长，不知道哪一天他又会对曾经的经历有了更深的领悟。我依然在告诉皮皮音乐是奇妙而美好的事物，给他讲一些音乐人的故事，教导他好好上音乐课。

我不求皮皮学出成绩，但我依旧要在他心中保留一颗种子，说不定哪天阳光雨露、气候宜人，它就生根发芽了呢。

让孩子学会担当

随着孩子的年级越来越高，父母对孩子的要求也往往越来越高。比如小学一年级，对孩子的要求仅仅是认字学写字，父母看到孩子能够读英语儿歌也很有成就感。可是，孩子一上三年级，父母头脑中的升学之弦似乎一下就绷紧了。孩子本来对学习饶有兴趣，但是父母给他们施加了巨大的压力，使他们顿感学习是那么的枯燥和困难。作为父母，考虑的总是比孩子要远一些，但是父母的压力如果直接传导到孩子身上，反映为学习的难度和要求骤然加大，那孩子可能一下子就被压垮了，从此一蹶不振。父母应该让孩子逐渐意识到任务的加重，让孩子慢慢适应，让孩子总是觉得自己能行。让孩子学会担当，总有一天，你会发现，孩子可以担当起重任了。

有一次，皮皮的奶奶生病住院了，虽然不是什么大病，但是我和皮皮的爸爸都很紧张，毕竟老人已经七十岁了，各项身体机能都有所下降，每病一场，对身体而言，都是一种损耗。

为了照顾老人，我和皮皮的爸爸只得轮流请假，家、医院、单位三处来回跑。一来一往的不觉中就忽略了皮皮。有时候，天色已经很晚了，我和皮皮的爸爸还在医院照顾皮皮奶奶，皮皮一个人在家，不得不自己吃泡面填饱肚子。

这让一贯被照顾得无微不至的皮皮感到很不满，他并不知道奶奶住院了，只抱怨我和他爸爸都不爱他了，放他一个人在家里忍饥挨饿。

皮皮的任性让皮皮的爸爸感到有些不高兴，我也忙着责备皮皮说，"奶奶现在住院了，身体很不舒服，需要爸爸妈妈照顾，想想奶奶平日里是多么疼爱皮皮，皮皮是个小男子汉了，怎么能不为奶奶分担一点呢？"

听到这话，皮皮不好意思地低下了头，他和奶奶的感情最好了，奶奶生病，他心里一定不好受。

"我也要去看奶奶。"皮皮朝我嚷着。

"还是不要让他去了，一个小孩，不要老往医院跑，再说就算皮皮去了，也帮不了什么忙，只会添乱。"皮皮的爸爸对我说。

"不要这么说，"我说，"皮皮已经长大了，是我们家庭中的一分子，做不了大事做小事，应该让他分担一些家里的事务。"

星期天的时候，我们带着皮皮去了医院看奶奶，皮皮很懂事地陪奶奶聊天，给奶奶削苹果，哄得奶奶十分开心。奶奶看到皮皮，心情愉悦，病也好得快了些。医院的大夫、护士见到皮皮这么乖巧懂事，都夸皮皮的奶奶好福气。

　　现在的孩子都是家里的"小皇帝""小公主"，从小都是在父母的呵护下成长的，对于人生，他们坐井观天，凭空以为人生无风雨，只是父母用伞给他们撑起来的一片晴空。事实上，人生是一段辛苦坎坷的马拉松，谁也不知道孩子在未来的路上会遇到什么挫折，对孩子真正的爱，不只是为他们铺桥搭路，遮风挡雨，更应该教会他们坚强、勇敢和担当，让他们用自己的臂膀，为自己的人生、为父母亲人、为家庭付出一分力量，让孩子在享受的同时，尽自己应尽的义务。这才是真正对孩子好，这才是对孩子的人生负责。

2. 相信孩子，帮助孩子

孩子永远是充满希望的未来。父母对孩子的心灵要多些呵护，少些打击。

孩子在长大的过程中，会有越来越多的事情不想跟父母分享。这些事情有些是学习之外的事情，是父母平时否定的或不赞成的，所以孩子想隐藏起来，不让父母知道。但父母往往很想知道，就逼迫孩子说出来或者偷偷窥视。

首先父母应该允许孩子有自己的秘密，孩子越大，就应该有更多的独立空间和私密空间，这样孩子才能更加意识到自己的成长，为自己的成长感到骄傲。父母粗野地侵犯孩子的内心世界只能加重孩子的不安全感和不被尊重感。再有即使孩子想隐藏的是一些不太光明正大的事情，比如追求外表、爱慕虚荣以及对异性萌发情感，父母也没必要深恶痛绝，想一棒消之于无形。成人有七情六欲之需，这很正常，包括以各种方法和方式满足自己的欲望。孩子随着年龄的增长，其实比成人一点都不缺乏欲望。《礼记·礼运》中说："喜、怒、哀、惧、爱、恶、欲七者弗学而能。"也就是说七情不学自然就会。而东汉哲人高诱对六欲作了注释："六欲，生、死、耳、目、口、鼻也。"人要生存，要活得有滋有味，有声有色，于是嘴要吃，舌要尝，眼要观，耳要听，鼻要闻，这些欲望也是与生俱来的，不用人教就会。孩子的一切学习之外的诉求，穿着打扮、冒险好奇、争强好胜、异性情愫，其实无外乎发自于七情六欲，这没有什么大惊小怪的，只是说明，孩子是一个正常的人。父母可以观察孩子的思想动向，最好提前给孩子打打预防针，与孩子早些探讨将面临问题的解决之道，这样在孩子遇到这些问题时就会从容处理，节制有度。我们只要对孩子开诚布公地讲明我们的想法，然后相信孩子自己的控制能力，我想孩子会认真走好自己的每一步成长之路。

学习的独立性源于信任，尊重孩子关于学习的自我感觉

想让孩子真正做到独立学习，就必须从信任开始。你的信任，让他对自己负起责任。

父母从孩子小的时候就要致力于培养孩子的学习独立性，既然父母希望孩子独立，那么父母就应该信任孩子，一旦孩子开始独立的学习，父母是不是一定要每日必查呢？毫无疑问，每日必查说明父母怀疑孩子独立学习的进程和效果是否能达到预期效果，更说明父母不相信孩子能够独立完成学习。频繁的检查会让孩子意识到父母的不信任，那样孩子就会失去自我控制的理由，依然依赖于父母的管理。父母如何在基于信任的基础上辅导孩子独立学习呢？我想我们可以与孩子提前进行阶段性的约定，告诉孩子在学习到达什么阶段的时候会有一个小的检验，就像游戏的通关一样，来检测一下孩子的能力是否增强了。在这之前，由孩子自己来独立规定计划，按部就班地学习，父母不就任何学习的细节进行监督，但是可以经常和孩子聊聊学习的感受，针对孩子提出的问题给出一些建议。父母学会多听孩子自己的表述，孩子才能逐渐学会挖掘自己的真实感受，并在父母信任的目光下逐渐安排好自己的学习。

皮皮在低年级的时候，我对他的学习和业余时间安排总是干涉，帮助他制订学习计划，而且每日紧密跟踪，学习之后要检查完成的质量。但是时间长了，我越来越被动了，而主动权到了皮皮的手里。他会详尽地跟我确定下检查的方式，然后只利用测查前很有限的一点儿时间临阵磨枪，纯粹以应付我的检查为目的。

出去玩儿的时候也是如此，他知道晚了的话我会忍不住去叫他回家，所以干脆不叫不回。我有些被牵着鼻子走的感觉，让他自己管理自己，他倒利用我的控制来为他自己多谋取玩儿的时间。

我终于醒悟，想让他真正做到学习的独立，就必须从信任开始，信

任他能够管理自己的学习。如果我们口头上让他自治，自己管理自己的事务，而实际却不敢放手，处处监控，那孩子就认为有你对他负责，他可以不用自己操心。

从此，我改变了方法，只是给皮皮规定了阶段性的学习大纲，然后可能半月测查一下，也可能不查。当他有时候不知所措，希望我帮他制订详细的学习计划时，我会先让他自己想都有哪些事情要做，要什么时候做完，他也总能自己想出来。我也忍住不去为玩儿的时间超长而去提醒他。

慢慢地，我发现皮皮真的变了，他会按部就班地将该做的事情、该学的内容学好，然后才去玩儿，即使学习占用了他的玩儿的时间，他也心甘情愿。我真高兴，是我的信任让他对自己负起了责任，更让他真正地做到了独立学习。

把孩子拴在自己身边，事必躬亲，一手包办，孩子永远都是孩子，相信所有父母都想让自己的孩子变成一个有担当的、坚忍顽强的、能够独自面对人生风雨的人，而不是让自己的孩子变成一个毫无主见的人。想让自己的孩子成为什么样的人，就要按照什么样的方式去教育孩子。父母要适度给孩子自由的空间、实践的机会，让孩子独立自主地去面对人生的一个又一个新课题，就算一开始的时候，他会遇到一些挫折，但是这些挫折会锻炼孩子的意志，砥砺孩子的品格，让孩子的羽翼更加丰满，更自信地去搏击人生的风雨，成为一个值得他人尊敬的人。

面对不公正的评价，父母要相信孩子、保护孩子

孩子在外面、在学校里难免会受到不公的指责，这时父母如果能够做到认真查清缘由，给孩子提出切实中肯的改进建议而不是火上浇油的指责，可能对孩子来说实在是一桩幸事。孩子在外面有可能会遇到一些困难和外人或老师的指责，但是父母要分析孩子自己是否能够解决这个问题，是否别人也是在客观地批评

孩子，如果不尽然，那孩子不但不能因指责而奋起图强，还有可能因此而一蹶不振，受到更大的伤害。父母这时对孩子的信任和保护显得尤为珍贵。

有很多妈妈在相信孩子、保护孩子这方面做得很让人敬佩。

山山比皮皮小半岁多，是个聪明而有思想的小男孩。

山山的学校是一个区政府支持的多方联办学校，硬件不错，师资也不错。但是有的教龄较长的老师把教学成绩看得越来越重，把孩子的心灵对爱的需求看得越来越轻，在他们严厉的目光中已经看不到一丝爱的痕迹。

山山恰恰碰到了这样一位班主任。成绩总能在90分以上的山山，还是不断地受到老师的批评。山山妈妈虽然尽力去理解老师，跟山山沟通交流，但有一天还是意识到了问题的严重。山山回家后摊开作业却并不想写，坐在那里叹气。妈妈很好奇地问山山为什么不写作业还叹气，山山说反正怎么学都是学不好，所以不想学了。

山山妈妈考虑再三，决定让山山休学半年，来年再读。为了让山山心中完全抹去这段时间的阴影，山山妈妈没有对山山和老师进行任何指责，而是带山山一起利用这段休整时间开阔眼界、发展兴趣爱好，让山山充满希望地期待新学年的开始。

新学年，山山妈妈为山山选择了教育理念更先进，更适合山山的学校。现在，山山一提起自己的学校就高兴得合不拢嘴儿。

成人们生活在一个复杂的、钩心斗角的圈子里，日渐养成了一种"怀疑"的习惯，不相信同事，不相信上级，甚至不相信自己的孩子。当孩子遭遇"莫须有"的"罪名"的时候，有的父母有时候非但不能站在自己孩子的角度详加揣摩，反而不问青红皂白地就站在对立面上将孩子一顿批驳。

在一部当红电视剧里，一位位高权重的皇后听到其他妃嫔的告密，说是自己的儿子将这个妃嫔所生的尚在褓褓中的婴儿推下河，婴儿生命垂危。这个皇后母亲听罢，不问青红皂白地就给了自己的儿子一个耳光，对儿子的解释充耳不闻。后来事情终于水落石出，原来是这个妃嫔的侍女没抱牢，不小心将婴儿掉在河里，皇后的儿子刚好路过，侍女怕受到妃嫔的惩罚，就将责任推给皇后的儿子。

事情虽然查明了，但是皇后儿子与皇后之间的隔阂，却越来越深了，再也难以修补了。

看到这里，我不禁很痛心。

您自己亲自教育出来的孩子什么样，您自己难道不清楚吗？为什么宁可去相信一个不相干的人和事呢？

孩子的心思是极其敏感的，如果你不小心误会了孩子，错罚了孩子，就一定要在第一时间真诚地向孩子道歉，求得他的原谅，保证下次一定信任他。只有这样才能让孩子更信任你。如果父母只是一味专制，孩子做错事，对孩子严格惩罚，当自己做错了，却无视自己的错误，甚至为自己的错误掩盖狡辩，这样一定会让自己的孩子自尊心受到伤害，觉得自己和父母之间的关系是不对等的，久而久之，孩子与父母之间的隔阂就会加深。那时候父母只能感叹，悔之晚矣了。

让孩子玩耍，更要让孩子会玩耍

孩子一步入学龄，学习的确日渐重要，但是就像参加了工作的成人一样，不论工作多么需要他投入，他还是要有放松的时间。孩子也是这样，不管他的成绩状况如何，玩耍还是必需的。玩耍不是错误的事情，而是孩子成长过程中的给养。

孩子的主要任务慢慢由自由随性的成长变成了学习。学习之余的玩耍仍是孩子必不可少的功课之一。我们前面讲过，学习学校的课程，是狭义的学习，孩子还需要参与更多广义的学习，用以发挥孩子内心的潜能，玩能让孩子自我发展，自我塑造。在玩耍中，孩子要自我控制，不自私、不虚浮、不过度，他才能和朋友们将快乐延续下去。在这个过程中，孩子会经历如何竞争，如何团结，如何互助，孩子会意识到团队的作用，这一切是他在书桌前不能体会的。从这个角度来看, 玩耍更像是孩子的工作, 孩子将自己从小学到的为人处事和语言、逻辑的运用在玩这项工作中体现出来, 从中发挥自己的才能, 收获自己的成就感。

作为父母, 不应该严格限制孩子的玩耍, 而应将玩耍作为孩子成长的一条路径, 让孩子在玩耍中成熟和增益其所不能。既然孩子的玩可以像成人的工作一样, 让他增长经验, 深刻地体会生活, 那父母就应该帮助孩子, 让孩子拥有展开工作的必需条件。这些都是让孩子深入生活的很棒的事情。孩子是以一颗玩耍的心去经历, 但是收获的是宝贵的、实用的经验。父母多让孩子玩, 帮助孩子玩, 其实就是让孩子多体验未来的工作, 促进孩子多方面的成长, 所以玩耍对于孩子是百利而无一害的, 除了学习, 让孩子尽量多的玩耍吧。

皮皮一直觉得卖东西是一件好玩儿的事情, 二年级暑假的一天晚上, 他提出想拿一些不用的玩具去社区里卖, 我欣然答应, 把一些早就被我压箱底的玩具、卡片收拾出来, 装了两口袋。

皮皮很兴奋, 收拾玩具时已经畅想着如何推销, 似乎感觉自己已经是最会赚钱的商人了。我们家没人经商, 可能正是因此, 皮皮才一直觉得经商是个很神奇有趣的行当吧。

皮皮爸爸没忘记给皮皮泼些凉水: "儿子, 如果你能卖十元钱回来, 我就认为你很厉害。" 皮皮不以为然, 他觉得他那一堆都是宝贝呢, 十元算什么, 五十元还差不多。

第二天一大早皮皮就意气风发的出门了, 到中午快一点了, 我看还没回来, 就出门去找, 小区里人影儿都没一个。我心想, 准是觉得卖东西没意思跑到别人家里去玩儿了。我正摇头间, 皮皮和他的一个伙伴提着玩具口袋从小区外回来了, 远远地看见我, 高兴的挥着手喊: "妈妈, 你看, 我挣了四块钱啦。我爸爸说我挣不够十块, 您看, 我都已经卖了四块钱了。" 边说边跑来让我看他小手中卷卷巴巴的零毛和钢镚儿。

他的兴奋, 让我心中有说不出的感动。后来我才知道, 由于在我们小区的战绩不好，他和伙伴一起又跑到另外两个小区去卖，所以这么晚才回来。接下来的一天半，皮皮每天还是从早到晚去小区里摆摊，他的同盟也大了，有四五个小朋友帮他一起推销，他们说好了利益共享。皮皮回家吃午饭时就会向我们讲述一天中间发生的故事，每一件都让我和皮皮爸爸感到忍俊不禁：各个个性迥异的朋友对待客人的态度极尽特色，每个人卖出的东西多少也差别极大；各个朋友之间会产生不断需要协调的矛盾，争功也有，共享也有。

虽然皮皮最终也没有真正用那些玩具换回十元钱，但是这两日，皮皮所经历的事情在我看来都是新奇的，我不免对他心生一丝敬佩之情。这次游戏似的销售实践，让他更深刻体会了坦诚、团结、感恩、协调、竞争在现实生活中的存在和作用，还懂得了一点点如何把握商机。

其实不只这一次，每一次皮皮和伙伴们酣畅淋漓的游戏都带给他很多生动的体验，既锻炼了他的身体，更锻炼了他的头脑和心灵。让我们鼓励孩子走出去，加入他们自己的群体吧，那里是他们独有的天空，在那里，他们会更早学会飞翔。

第九章 养成好习惯，
帮助孩子把学习变成轻松事

1. 家庭中应该有的好习惯

孩子把父母当作自己的朋友、榜样，但父母有没有在业余时间里学习，为孩子做好示范呢？我们教育孩子山外青山楼外楼，孩子何尝不也在思索自己的父母有没有在爬楼上楼呢？一起读书学习吧，父母的作用是强大的，孩子会被父母好学的精神带动的。

家庭教育是孩子的第一课堂，在正式进入学校、进入社会之前，孩子可能已经在家庭环境的耳濡目染下定了性，脾气秉性、气质审美、性格习惯等均已养成，学校教育和社会教育只是根据情况，将这些已有的素质好的方面加以巩固，不好的方面加以矫正，塑造一个更好的、更适合生存和发展的合格人才。如果家庭教育进行得好，对孩子日后的教育是很有帮助的，相反，如果家庭教育进行得不好，就会为孩子将来的发展埋下隐患。

家庭教育如此重要，作为家庭成员，我们应该认识到自己的一言一行可能会为孩子带来直接或间接的影响，让自己规范言行，让自己良好的生活和处事态度为孩子树立一个典范，让孩子从一开始，就养成各项好习惯，为将来打好基础。

读书

好书是精神的食粮，读好书是与精神富有的人对话，从中可以体味你不曾达到过的山巅之景。让家中多一些好书，大人和孩子都可以信手拈来，随时读上一段，随时感受知识的魅力，领悟生活的真谛。一起读书学习吧，父母的作用是强大的，孩子会被你们好学的精神带动。

"书中自有黄金屋，书中自有颜如玉" "腹有诗书气自华" "书籍是人类进步的阶梯"，这些都是告诫我们读书重要性的道理，书籍的重要性已经不言而喻。

读书可以提高人的修养，让你举手投足间尽显儒雅之风，让人感到你是一个彬彬有礼，值得信任的人，有利于整个社交活动的开展。对于孩子来说也不外乎如此。那些读书多，知识面丰富的孩子，无论是在幼儿园还是在小学、中学、大学，都是众星捧月的对象，老师们青睐这样的学生，因为他们知识广博，对于老师讲授的内容，能够融会贯通，举一反三。同学和伙伴们也乐于和这样的孩子接触，因为他们能够在这些读书多、知识丰富的孩子身上获得更多的帮助，促进自身学习的进步。读书让孩子气质淡定，成绩优异。

读书能够陶冶人的情操，提高人的审美鉴赏能力。孩子在审美、鉴赏等能力的养成期时，各项能力都处在萌芽和发展阶段，由于刚刚起步，显得十分脆弱，很容易受到外界的不良影响，此时孩子们就需要一个强大的精神信念的引导，引导他们走向人生的正途。书籍就是孩子的精神领袖，书籍包罗万象、形态万千，孩子可以从中找到任何他们所需要的知识和力量，借助这些力量，孩子们可以克服一切困难，实现自己的理想。

读书能够修养身心，陶冶性情。说到这里，很多父母可能会认为，孩子还这么小，谈什么"修养身心""陶冶性情"之类的话呢？这些可以留待以后更长的人生旅程里去解决。其实这种想法是不正确的。就是因为孩子尚小，所以才要抓紧这个关键时期去加以"修养"和"陶冶"。人们常说："三岁看小，七岁看老"。人生的性情、修养之类的东西是从小时候起就形成雏形和规模的，日后的各种教育和机遇，只不过是为孩子添砖加瓦，修修补补罢了，如果小时候没有养成良好的气质和修养，仅凭成年之后的矫正和改善，是很难能有好的结果的。

读书还能够让人的心情变得愉悦。读书是一场精神之旅，在读书的过程中，人们能够受到"真、善、美"的教育，放松身心、砥砺品格，感受到"助人者"与"被助者""施"与"受"的快乐，这些都能为读书者带来快乐，使之身心愉悦，以更好的姿态迎接人生中的每一个新挑战。

皮皮像我一样爱读书，这是让我感到很欣慰的一件事，即便皮皮东翻两页、西翻两页，读书没有章法，不成系统，大多数时候也不能完整地读完一本下来，我也丝毫不介怀。因为我知道"开卷有益"的道理，只要养成随时翻书的习惯，就能积少成多，长期下来，也能积累到不少知识了。再说，皮皮之所以对于有些书只翻翻就放下了，有时候是因为那些书太过枯燥乏味，又或者论述性太强，还不是皮皮的年龄和阅历的孩子所能读的下来的。所以我从来不会强求皮皮一定要读完多少本名著，从来不把读书当作是一种功课、一种任务来命令他完成，这样反而能保证皮皮的阅读时间和阅读量。

有时候，皮皮也会跟着我做一些雅兴的事，每年四五月间，我们都会找一个天朗日清的好天气，把书架上那些堆积了薄薄的一层灰尘的、散发着樟脑味道的书搬到阳台上，让它们晒一个太阳浴。

我们家的书绝对不少，我的文学书、皮皮爸爸的财经书、皮皮的儿童教辅书，足有两大柜！我和皮皮把它们一层一层，分门别类地从书架上搬下来，晒足了太阳之后再将它们按照原来的次序整齐地放回到书架上，以方便下次找书时能省事省力些。

皮皮人小鬼大，对书籍的整理很有一套，他就算不懂那些文学、财经类书籍的具体内容，但是据据书名，再依靠自己的知识进行推测，就能大概知道它们应该跟什么样的书算作一个门类，适合摆放在一起。

晒书日也是我们的读书日，我们母子两个相依相偎地坐在自家阳台上，每个人手捧一本书，互不打扰地各自读着，想来也是一种风景吧！

安静做事

能够在家庭中保持静默，各做各的事情，是告诉孩子大家都可以专心下来做事，有不被打扰的自由。能够静得下心来，才能够将心思专心用到一件事上，更适于学习这件宜于独立思考的脑力活动。

孩子正是多动的年龄，活泼好动也是孩子的天性，多动的孩子显得活泼有朝气。在日常生活中，对于孩子的活泼好动，我们应该抱以支持的态度来支持孩子快乐交际，大声沟通。

但是具体情况要具体分析，涉及做事的时候，我们就应该训练孩子安静做事的能力。做事需要专注，需要专心，心无旁骛的人才能将事情做好。

安静也是一种力量，只有思虑单纯，擅于排除杂务困扰的人，才能做到专心致志地做事。很多成年人会有这样的体会，当我们急于想办成一件事的时候，各种杂念就会涌现到了眼前，让人心绪混乱，很难专注于要做的事情。这就是我们顾念的事情太多，让原本无关的琐碎事务占据了重要的位置，弄得本末倒置，很难专心于更重要、更有意义的事。

与成人相比，孩子较少有牵绊，但是孩子更容易受到外界事物的干扰，如果一个人能够在嘈杂的环境中，强迫自己专心做事的话，那么对于孩子来说，则难得多。他们的自制能力较差，一旦被外界事物吸引了注意，就很难将心思再转移回书本上。

因此父母应该注重对孩子静心做事能力的培养。那些能够突破环境限制，安静学习的孩子总是能够取得比其他孩子更好的成绩，安静是一种氛围，如果想要为孩子打造一个安静的环境，就需要全家人的共同努力，当孩子做功课的时候，父母不要在一旁看电视或者聊天，这样会转移孩子的注意力，使孩子无法将心思全都放在书本上。如果父母能够像孩子一样捧着书籍报刊在一旁默读的话，孩子会不由自主地为这种气氛所感染，不由自主地投入到自己的学习中去，提高学习的效率。

皮皮在做作业的时候，我和他爸爸就非常配合他，即便皮皮的爸爸还等着看英超球赛，即便我还想看我最喜欢的综艺节目，但是我们都愿意为皮皮做些牺牲，也拿着喜欢的书籍读了起来，尽力为他营造一个和谐融洽的学习环境。

有时候，皮皮才温习了一会儿功课就坐不住了，因为他听到楼下小区的孩子又在踢足球了，每当皮皮听到大家欢呼呐喊声的时候，皮皮总是按捺不住想去和小朋友玩的欲望。可是皮皮才刚刚开始学习，完全没有收获成果，如果这个时候让他出去，皮皮的心又要玩野了。

虽然已经看到了皮皮的暗示，但是我和皮皮的爸爸都装作没有看到，反而更加认真地埋头读书。皮皮看到我们尚且那么努力，自己也不好意思再开口说要去玩了，于是他渐渐地将心思收了起来，很快就完成了学习要求。

我和皮皮的爸爸并不是那种苛刻的父母，我们重视皮皮的学习效率多过于学习时间，一个小时过后，皮皮的任务已经超额完成，我和他爸爸便鼓励他出去玩球，结果，皮皮反而学上了瘾，不舍得离开书本了。

共同讨论

家庭中经常性的就某一话题进行聊天和讨论，可以让每个人畅所欲言。聊天和讨论是不动声色地让孩子学以致用。父母应该经常发动一些平和的、平等的聊天。对于孩子和父母的沟通，对于增强孩子的表达能力、梳理孩子的思维能力、观察孩子的成长，聊天和讨论都是最好的机会。

家庭讨论能够培养孩子的主人翁意识，让孩子感觉到自己是家庭中的一员，自己的意见也能够成为家庭观念的一部分，也能为家庭贡献一分力量。如果凡事都不让孩子参与意见，全凭父母拿主意的话，孩子长大之后，可能会变成一个缺乏主见、依附别人的人。

将家庭中遇到的问题拿出来，开个家庭讨论会，让孩子参与意见，拿主意，让他们成熟、理智地面对人生的种种问题，等于是为他今后步入社会，打下一个良好的基础。

父母不要只是把孩子当成一个长不大的、需要照顾的人来看待。有时候孩子的思维比成人还要敏捷开阔，对于很多成人百思不得其解的问题，孩子利用他们的发散思维，常常能够另辟蹊径，为成人提供一条全新的思路，使成人能够豁然开朗。

家庭中的共同讨论能让孩子畅所欲言，锻炼他们说话的能力和交流的能力。对于家庭中各种各样的繁杂事务，如果没有灵活的头脑，良好的口才，是很难准确无误地表达自己的意见的。

看到父母聚在一起研讨"家庭大计"，好奇的孩子总也忍不住想要表达自己意见和心声。但是等到父母给孩子这个发言机会的时候，你会发现，孩子不见得能够像自己预期中的那样，能够清楚完整地表达出想要表达的意思，这说明语言表达的能力是需要锻炼的。随着家庭讨论的多次开展，你会发现孩子的表达能力可以逐步改善。

皮皮永远都是我们家庭会议中的活跃分子，每当我和皮皮的爸爸讨论问题的时候，皮皮总要插嘴进来，开始的时候，我和皮皮的爸爸都十分不习惯，因为皮皮快人快语，总是不等我和他爸爸开口，就滔滔不绝地说上一堆，不免会打乱我们的思绪。

皮皮的这个行为让我和皮皮的爸爸感到有些困扰，可是随着皮皮发表的意见越来越多，锻炼的机会越来越多，皮皮已经能够完整地发表自己的观点了，并为我和他爸爸建议献策，提供一些建设性的意见。皮皮不仅能在一些家庭琐碎的事务上为我们提供帮助，还能为我们计算一些家庭收支之类的经济账。

再开家庭讨论会的时候，皮皮已经成为不可或缺的一员了，我和他爸爸都希望皮皮能够出席我们的讨论会，替我们参谋参谋，拿拿意见。有时候皮皮功课忙，我和他爸爸就会等他一会儿，这让皮皮很受感动，他觉得自己的爸爸妈妈是重视他的。

让孩子一起参与讨论，共同拿意见，营造和谐家庭环境的同时，也能够锻炼孩子的各项素质，父母何乐而不为呢？

分担劳动

适当地劳动不会与学习发生冲突，劳动会因为学习而更有效率，劳动更是立竿见影的学习体验。家务劳动也是一门学问，很多高校都开设了家政班。劳动告诉孩子，学习在任何时候都用得到，哪怕是貌似简单的家务劳动，如果不细心，不讲究逻辑，家务劳动也会事倍功半。

父母为了给孩子提供更多的学习时间，往往会把孩子的饮食起居全部打点好，以便让孩子节省下更多的时间，全部用于学习。在父母看来，让孩子分享劳动、做家务是一件得不偿失的事。孩子去厨房帮妈妈打下手，妈妈连忙劝止："孩子啊，这不是你来的地方。"孩子拿着扫把去扫地，妈妈连忙阻止道："让妈妈来扫，你快去学习，有扫地的时间还不如多做两道数学题！"

其实，这是父母的一种误区。学习是孩子分内的事，劳动同样也是，而且更是孩子生存的必需。劳动创造了人，劳动也是促进了人类发展和进步需要。对于小孩子来讲，劳动同样重要，适当地让孩子分担一些家务，可以锻炼孩子的身体，磨炼孩子的意志力，让孩子在运动和流汗中懂得生活的不易，体会更真实的人生，让孩子了解学习的价值，人生的真义。

皮皮其实并不怎么喜欢劳动，大概这是所有孩子的通病，有时候我扫地的时候，可以看得出皮皮想躲避的心理。他有时候故意躲在屋里做功课，有时候要去楼下走走，其实我知道这都是皮皮的借口，他那个时候根本没有功课可做，去楼下也没什么好玩的，他只不过担心我会叫他一起做家务。

我当然没有因为皮皮的这点私心而纵容他，我反而有意纠正他的这种不正确的想法，让他明白"劳动最光荣"绝对不是一个虚假的口号，我要让他理解劳动的真正意义所在。

皮皮不得已，只好和我一起做起了家务活，开始的时候，皮皮几乎什么都不懂，拖地的时候不知道人要站在拖布的后面，反而把拖布放在身前，前面拖后面走，刚拖过的地就被他自己踩脏了。最后只得返工，累得皮皮筋疲力尽，但是出乎我意料地是，皮皮并没有叫苦。

事后，皮皮在他的周记里总结说："劳动并没有想象中的那么辛苦，反而让人乐在其中，而且体力劳动也是需要动脑子的，就拿拖地来说，如果像我一样站在拖布后面拖，恐怕拖几遍都是不会干净的。而且，能帮妈妈做点事，看着妈妈欣慰的笑脸，也是很让人高兴的一件事呢！"

培养孩子的业余爱好

让孩子将他们所擅长的专长，升华为一种爱好，而不仅仅是为了考级，多一张多才多艺的招牌。综合知识的猎取，业余爱好的养成是我们热爱生活和科学的美妙伴奏曲。爱好会让人不由得全心投入，会让人去主动研究、探索它的奥秘，从中领略到独特的乐趣。很多著名的科学家就是音乐的爱好者，在音乐中，他们能为自己的头脑补充丰富的营养，甚至能为自己的科研找到灵感，可能是互通的自然规律使然吧。音乐，绘画，古诗，实验，数独……让家庭中保持几种业余爱好，这样既能让家庭成员之间多一条沟通纽带，又能让孩子在未来的人生路上多一种心灵的慰藉。

人生在世，不能没有自己的爱好，一个没有爱好的人就像一个没有爱憎的人一样，让人觉得性格特征不够鲜明。

业余爱好能够舒缓孩子的学业压力，让孩子在紧张的学习之余感受到舒缓和宁静的氛围，业余爱好不像课内作业那样死板，它往往是生动可感的，而且，既然是爱好，肯定是孩子们感兴趣的事，这比课堂作业更能吸引孩子。好的业余爱好还能促进孩子的学习，成为课内学习的补充。

业余爱好能够让孩子结交到更多的朋友。在小孩子的圈子里，友谊大多都是在共同玩耍打闹中结成的。一个众星捧月、倍受欢迎的孩子一定是兴趣广泛，业余爱好众多的那一个，因为他各个领域都有涉猎，所以能说上话的人范围最广，因为他爱好围棋，所以那些同样爱好围棋的小朋友就会乐于结交他，一起探讨下棋的经验。同样的道理，如果这个孩子同时还爱好音乐，能熟练弹奏几种乐器，那么喜欢音乐的人同样也会成为他的朋友。

业余爱好还能赋予孩子一个健康乐观的心态。只要留心观察就会发现，那些平日里热情开朗的孩子，几乎都是业余爱好广泛的孩子，因为爱好多，乐趣也就多，乐趣多了，整个人就变得活泼开朗起来。

皮皮之所以如此活泼开朗，大概与皮皮诸多兴趣爱好是分不开的。皮皮曾经爱好或者正在爱好着的就有象棋、围棋、跳绳、慢跑、书法等多项，虽然皮皮并没有将每一个业余爱好都坚持下来，但是当他喜欢这项爱好的时候，是全心全意，并为之付出了很多努力的。这每一项的业余爱好，都曾经陪伴着皮皮走过人生的一段美好时光，让皮皮获得过成功的喜悦，也让皮皮领略过失败的滋味，但是得到的总是比失去的多，通过业余爱好的学习，皮皮已经收获了很多很多。

我非常支持皮皮的各项业余爱好，而且我也并没有让他非得坚持某一项看起来似乎更有"价值"的爱好，而是让他根据自己的喜好，自由自主地选择。如果连业余爱好都要定规矩的话，那么爱好也就不能成其为爱好了。

皮皮因为业余爱好拿过不少奖项，其中包括书法比赛一等奖、围棋比赛三等奖、歌唱比赛优秀奖等各种大大小小的奖项，这些奖项对于皮皮来说，简直比他考全年级第一，考"双百"还要珍贵得多。

父母应该鼓励孩子的业余爱好，善待孩子的业余爱好，为孩子的业余爱好留出足够的时间，要知道，业余爱好不会占用孩子太多的学习时间，反而在有限的时间里能够为孩子打开视野，获取更广泛意义上的进步。相信父母都不愿意让自己的孩子成为一个"高分低能"的人吧，那么从现在起，培养孩子的兴趣爱好吧，你会发现，孩子的人生因为它们而瞬间变得绚丽多彩起来。

2. 珍惜时间，提升效率

当别人家的孩子在玩耍时，自己的孩子在学习；当别人家的孩子在学习时，自己的孩子还在学习。可是自己的孩子学习成绩还不如别人家的孩子，为什么？最主要是学习的效率。让"效率"二字从小就扎根孩子心中吧，效率就是竞争力，就是未来的国家富强的重要因素。

"效率"一词更广泛地应用于工作生产中，而不是我们生活中的主要诉求。然而孩子的学习便是他们的主业，是他们所必须担当的工作，所以父母不得不将效率这个词提早灌输给孩子，让孩子明白效率与他们的学习业绩息息相关，让他们提早懂得用管理效率来收获更多成绩。

我是这样向皮皮解释效率这个词的：假设你一共有两个小时用来写作业和玩耍，时间由你来掌握，如果你用一个小时完成了作业，那么你有一个小时的玩耍时间，如果你用半个小时完成作业，那么你可以有一个半小时玩耍的时间，这多出来的半个小时玩耍时间就是由于你写作业的效率提高而得来的。

他很认同我的说法，总是力求高效地学习。不过高效地学习也是保证在质量的前提下。

当孩子知道了效率这个概念后，我们应该更深入地让孩子意识到影响学习效率的因素。

用学习的结果而非学习时间的长短来考量孩子的学习效果

父母似乎总是很关注孩子的学习时间而忽视了孩子的学习效率，总有父母跟其他父母吹嘘说："我家孩子可知道用功了，晚上十二点之前不睡觉。"听到这话的父母心中不禁感叹："人家的孩子真懂事。"

其实，为什么一定要用学习时间的长短来衡量一个学生是否优秀呢？你又为什么非要让自己的孩子钻到题海里，长时间地浸泡呢？学习时间长能说明什么呢？说明你的孩子头脑迟钝，不能在短时间内完成学习任务，还是说明你孩子熬夜的功力惊人呢？

学习时间的长短只是一个数字，与孩子最终学习的效果并非成正比，学习的时间长，并不代表学习的效率高。学习效果才是孩子学习的最终目的。如果孩子花一个小时就能完成学习任务，你又何必非让他花费三个小时呢！要知道，当你的孩子埋在书桌上效率低下地"熬时间"的时候，其他孩子可能已经速战速决，完成了课业任务，出去放松身心，准备以一个全新的状态迎接第二天的学习了。而你的孩子呢？经过了一个晚上的熬夜奋战，孩子还能精神抖擞地完成明天的学习任务吗？疲劳越积越多，只会让孩子陷入恶性循环，谈"学习"而色变。

所以父母与其让孩子耗时间，不如将注意力转移到提高孩子的学习效率上。如果平日里需要五分钟才能演算出来的题目，孩子只用了三分钟就运算出来，并且正确率也有保障的话，对于孩子来说是一种很大的进步。

皮皮的爸爸下班回家，第一句话总是问："皮皮今天的学习情况怎么样？"

"很好啊，"我说，"很认真地学习了一个小时，我很满意。"

"怎么才一个小时这么短啊？我们同事老王家的孩子每天晚上都要对着参考书奋战五六个小时呢，十二点之前根本不睡觉。"

"那他的孩子成绩怎么样呢？"我问皮皮的爸爸。

"还可以吧，"皮皮爸爸说，"但是也说不上太好，中上游的水平吧。"

"那你知道皮皮的成绩如何吗？"我问他。

"当然知道，我那宝贝儿子，连续三年年级前三，聪明伶俐出了名了，老师们打我办公室电话夸奖过他好几回了。"一提到儿子皮皮，他爸爸的骄傲之情溢于言表。

"那你看皮皮学习努力，还是老王的儿子努力呢？"我打断皮皮爸爸的思路，继续问他。

"还是老王的儿子更努力些吧，"皮皮爸爸回答说，"可是老王的孩子没有咱们家皮皮聪明，那么拼命地学习，结果却不尽如人意。"

"孩子的智商根本相差无几，"我向他爸爸解释道，"老王儿子的学习成绩之所以没有皮皮好，不是他儿子不聪明，是作为父母用错了方法，老王他们没有看到，孩子的学习的优劣好坏不应该用学习时间来衡量，而应该用学习的结果来判定。皮皮每一天只学习一个小时，可是在这一个小时里，皮皮能做到心无旁骛、专心致志，能充分利用起这一个小时的分分秒秒，使学习密度达到最大化，所以收到的结果是好的。老王只重视孩子的学习时间，忽略了孩子的学习效率实在是不可取的。"

"说得很有道理，"皮皮的爸爸说，"下次遇到老王我一定要让他给孩子'减负'。"

勿打疲劳战，会休息才会有好成绩

很多父母对待孩子的学习，一心求好求快，总想在最短的时间里让自己孩子的学习成绩实现质的飞跃，所以不断给孩子增加学习量。

父母首先在孩子的作息时间上做文章，原来是晚上十点钟睡觉，可是马上就要期末考试了，好吧，从此定在十一点睡觉。隔了一段时间再看，孩子的成绩一点也没提升，可是眼看着又要升学考试了，这可比期末考试重要多了，没办法，继续让孩子加班吧。

在父母的要求之下，孩子们不得不开始漫长的疲劳战，晚上他们不得不抱着单词本背单词，可是三百多个单词，长长的一大串，背到了深夜也没记住几个。孩子还需要练习热点作文题目应该怎么写，可是半夜三更，昏昏欲睡，哪有写作的灵感。孩子还需要一边打哈欠一边做数学题，难题一道也计算不出，就连那些原本很简单的题目也错误率大增。

疲劳战术是极为不可取的，深夜时分，人的大脑运作已经放缓，不再适合高强度的学习了，学习时间再长，效率也不高。孩子第二天上课的时候，没精打采，说不定还会在课堂上打瞌睡，影响学习效果，实在是得不偿失。

题海战术不仅不会促进孩子的发展进步，还会令孩子的学习效率大打折扣，并且当孩子发现自己经过了艰辛的"熬夜""题海战术"之后，成绩仍然没有起色，名次仍旧没有提高，很有可能会让孩子的自信心受挫，打击孩子学习的积极性，一旦产生厌学的情绪，那父母就会追悔莫及了。

此外，我相信没有任何父母愿意以自己孩子的健康为代价，去换取一个"第一名"或者"一百分"的名誉，除非他并不真正爱自己的孩子。连日的熬夜，会让孩子的健康受损，让孩子的体质变得弱，容易感染疾病。而且长期处于疲劳状态会让孩子变得神情抑郁，难以开怀，花一般的年纪里却享受不到应有的快乐。这是多么的可悲呀！父母关心孩子的学习成绩并没有错，可是需要以孩子的健康快乐为前提那就错了。心情愉快才能提高学习效率，学习效率提升了，学习成绩自然会跟着上去。

如何才能让孩子既不打疲劳战，又能提高学习效率呢？以下是给父母的一点建议。

首先，在孩子学习的过程中，父母要帮助孩子抓住学习的重点，分清主次。孩子需要学习的科目虽多，但是总有主次之分，父母应该引导孩子尽量将注意力多放在主科上，当然这并不是说副科是不重要的，而是指父母要帮助孩子分配好主、副科的学习时间，毕竟两类科目的学习量有多有少，需要合理安排时间。如果采取"一锅端"的学习策略，非但副科得不到多大的提升，还会连带着主科也学不好。

　　另外，父母应该根据孩子的具体情况来为孩子制订学习计划，每个孩子的特点各有不同，有的孩子理科优秀但文科较差，有的孩子文科突出但是理科功课却跟不上。父母要认清自己的孩子属于那种情况，然后根据情况找到适合自己孩子学习的方法，弥补孩子在某些功课上的不足，保持那些强项。如果只是过分迷信一些"高才生""状元"的经验，让孩子将他们的学习之路复制一遍的话，父母可能会发现，其结果远远不如你的预期。对于孩子来讲，学习方法只有适合，才是最好的。

　　其次，要想让孩子告别疲劳战，就要让孩子养成随时记笔记的习惯。人们常说，好记性不如烂笔头。即便你的孩子再聪明，也不能将听到、见到的知识全部熟记于心，即使他记忆力超群，真的记住了所有的知识，也会随着时间的推移，而逐渐淡忘其中的一部分的。科学家证明，人类是有记忆曲线的，大脑当时记住的东西，随着其他新事物的加入，随着时间的远去，很可能会出现记忆模糊的情况，只有反复练习，随时复习巩固，才能记得更牢。那种平时不努力学习，企图将希望放在临考前搞突击的想法是不可取的。只有平时多记、多练，才能避免在关键时候打疲劳战。

　　再次，父母要让孩子养成良好的学习习惯，让他们懂得"今日事，今日毕"的道理，今天的疑问一定要在今天解决，不然的话，可能就会日积月累，越积越多，压得孩子喘不过气来，最后只好又走回到"疲劳战"里去。

　　我从来不让皮皮打疲劳战，有时候皮皮的功课实在多，我宁可让他晚上留下一部分作业不做，也要让他早点睡，保证足够的睡眠，当然早上的时候，皮皮要早起半个小时到一个小时，完成前一天晚上遗留下来的功课。

　　孩子早起一点不算什么，总比赖在床上睡懒觉的好。以往没有作业的时候，皮皮也总是一直赖在床上拖延，我做好早餐后，一连喊他好几声，他才睁着蒙胧的睡眼下了床，动作慢吞吞的，仿佛还没有睡醒的样子。究其原因，无非是昨天晚上熬夜写作业的缘故。当时我就想，与其这样，不如让皮皮早睡一会，第二天早点喊他起床把功课补上。

皮皮不用熬夜了，睡得很踏实，早上喊他起床的时候，才只喊了一声，他就跳下了床，因为他还惦记着剩下的那一点作业。早上的头脑本就是很清醒的，加上昨天晚上睡眠质量较高，皮皮精神抖擞地完成了剩余的作业，速度很快，效率很高，出错率很低，比熬夜苦读的效果要好很多。

调整作息，善用一天的黄金学习时间

许多父母在指导孩子学习的过程中，往往不注意观察孩子学习的最佳状态是什么时候，可能在孩子头脑最不清楚的晚上让孩子钻研最难的数学题，又或者让孩子在头脑最清楚的清晨昏昏沉沉地睡过去。如此训练出来的孩子，学习成绩一般都达不到父母的预期效果，这是父母常犯的错误。

我们在谈及社会效益的时候，都会提到资源配置，一个合理的资源配置能够实现利益的最大化。孩子的作息安排也是同样的道理。一个科学合理的作息制度能够让孩子的学习效率实现最大化，学习成绩得以最大的提升。

无论多么聪明的孩子，也不可能每天每时每刻都保持最佳状态，他的大脑总有疲惫期和低潮期。每个孩子都有记忆情绪、思维活跃的时刻，这些都是正常的生理现象。

作为父母，我们应该帮助自己的孩子找到孩子一天中最佳的学习状态，找到适合学习某门功课的黄金时间，让孩子在最合适、良好的状态下学习，其学习成果，一定是可喜的。

一般说来，清晨六点到早上八点这两个小时是孩子头脑清醒、思维敏捷的黄金期。经过了一整晚的睡眠，孩子的疲劳感顿除，体能充沛，大脑灵活，逻辑性较强，此时父母可以为自己的孩子安排一些提纲挈领的工作任务，比如让孩子对整体的课程有一个系统的整理和总览，让孩子了解接下来一天的工作量，在大脑中形成规划，促进学习的进步。

而早上八点到十点这段时间，更是学习的最佳时期。此时孩子的精力充沛、大脑敏锐活跃，达到一个高峰值，非常适合孩子来攻克难题，对于平时棘手的问题，可以让孩子在这段时间重新考量，说不定会有新的发现。

而到了下午一点到两点这段时间，孩子的大脑记忆逐渐步入低潮期，大多数孩子会表现出昏昏欲睡的状态，头脑变得不那么清醒，记忆力也没有早上的黄金时期表现得那般好。在这个时间段里，父母不宜再为孩子安排繁重的学习，而应该让孩子的大脑适度休息，度过低潮，为下午学习的开展打下良好的基础。

下午三点到六点这个区间，孩子们的状态都不错，算是一天中的第二个小高峰，记忆力表现出很强的势头，父母可以为孩子安排一些需要记忆的东西，或者让孩子利用这段时间进行复习整理，孩子可能会从中温故知新，获得意外的收获。

还有一些专家分析说，孩子入睡前一个小时也是记忆力绝佳的好时机，如果让孩子在临睡前的那一个小时里放一本英文单词或者化学公式在枕边，可能会获得比白天还要好的背诵效果。

我曾经也为皮皮制订过一张学习计划表，表格中详细规定了皮皮在每天的每个时间段应该做的事，包括学习的内容安排、娱乐活动的开展，等等。

我和皮皮的这张表格，不像一般的学习计划一样，只简单生硬地标注上学习各科的具体起止时间，我们这张表格要丰富得多。随处充斥着幽默感。比如说，在计划表的开头，我是为皮皮这样制订的：预计早上六点四十起床，第一次闹铃响赖床三分钟，第二次赖床二分钟，最终起床时间为六点四十五分。又比如，在晚七点四十到八点这段时间的安排上，我是这样写得：19点40分至20点为自由时间，皮皮可自主安排（务必不要只在电视机前度过）。

皮皮说："妈妈的计划表里居然还有商量的余地，真好。"

"有规矩才能成方圆"，这句话说得果然不错。自从有了这张计划表，皮皮的学习、生活变得有规律多了，先前自由懒散的状态一扫而空，皮皮再也不像以前那样无组织无纪律了，他变得更理性、更有规划了。学习起来显得从容不迫、游刃有余，学习效率也有了显著的提高。

在这里，值得提出的一点是，每个孩子的自身条件各有不同，制订学习计划没有一个固定的范式和标准，父母在为孩子安排作息制度的时候，一定不要盲从，适合别家孩子的并不一定适合你的孩子，一定要综合孩子的具体情况加以考量，为孩子量身打造真正适合孩子的作息制度。

让好方法为学习效率加倍

父母都是望子成龙、望女成凤的，为了孩子的教育，父母都着实花费了一番心思，渴望自己的孩子能够取得好成绩，念一所好大学，获得一份美好的人生。但是并非每个孩子都能像父母预期的那样取得良好的学习效果。

许多孩子严格地按照父母的要求去做，专心学习，刻苦钻研，将每天的大部分时间都用在学习上，可是收效甚微，原因是孩子没有找到合适的学习方法。与其埋头苦干、效率低下，不如找到一个适合自己的学习方法，让学习轻松而且有效率。

父母应该对自己的孩子有一个综合全面的了解，帮助孩子找到适合孩子的学习方法。以下几种提高效率的方法可以让父母和孩子们借鉴。

首先，想要提高学习效率，就必须分清主次，有所取舍，做到"有所为有所不为"。现在的孩子每天都要面对海量的功课和作业，如果分不清其中孰轻孰重，把所有科目都集中在一起抓，反而会弄得手忙脚乱，每一门课程都收不到好的效果。如果孩子能够将自己学习的内容按轻重缓急分开，时间上也对应调整安排，那么孩子就可以用最少的时间，收获最大的学习效果。

　　其次，要想提高学习效率，就必须保持一个轻松愉悦的心情。心情和效率看似没有直接关系，事实上这两者之间的关系是很微妙的。由于长期处于繁重的课业压力之下，孩子的心情是压抑的、郁闷的，用这样一个心情来学习的话，效率肯定是不尽如人意的。要想提高学习的质量，就必须让孩子保持一个乐观开朗的心情，在一个舒缓的、没有压力的心态下学习，效果一定是显著的。

　　再次，提高效率需要劳逸结合。孩子不是一个"永动机"，他们需要足够的休息和睡眠时间，这样才能精力饱满地迎接第二天的学习。

　　我非常注意协调皮皮学习和休息之间的平衡，我知道对于孩子来说，只有学会休息，才能学会如何更好地学习。有时候皮皮还沉浸在自己的学习中，难舍难分，我却已经不断地劝他去休息了。

　　皮皮的爸爸说："我只见过孩子想去休息，妈妈非要让孩子学习的，没见过你们这样的。"

　　劳逸结合的学习方法让皮皮的学习效率大为提升，用在做课后习题的时间并不比别的孩子多，但是他的学习效果却比很多孩子好得多。因为皮皮从来不打疲劳战，他总是在自己精神状态最佳的时候学习，虽然时间短，但是收效大。

　　第四，要想提高孩子的学习效率，一定要有计划，做到"胸中有沟壑"。只有以一个切实可行的计划做指导，才能让学习任务进行得顺利，获得更高的效率。一个没有计划的孩子，学习起来自然是捡了芝麻丢了西瓜，最终得不到预期的结果。

3. 赋予学习意义，让责任和爱成为学习的动力

做任何事都不能没有目的，学习亦然。父母应该为孩子的学习寻找一个"名目"，即：孩子为什么要学习，学习的意义何在？让孩子领会学习到底是怎么一回事。这不是对孩子的驱使，而是让孩子更早地明白肩上的责任，领悟学习的意义，只有这样，孩子才会更加情愿地投身学习，而不再只将学习当作家长和老师强加给他们的任务，学习效率也会随之提升。

在我们的认知里，学习就是学习，父母之所以让自己的孩子专心致志地学习科学文化知识，无非就是在为孩子的将来打算，希望孩子考上一所著名的大学，学到更多知识和技能，在紧张激烈的社会竞争中占有一席之地。

责任和爱是学习的动力

作为父母，我们的爱是不计代价、不求回报的，只要孩子学习好，父母做出任何牺牲都是值得的。有的家庭经济不富裕，除了支付家庭成员衣食住行等方面的必要开支之外，根本已经所剩无几，但是就算有一点能力，父母也愿意从牙缝里省出一些钱来，供自己的孩子求学之用。父母从来不会将自己的难处说给孩子听，因为父母想让自己的孩子踏实地学习。

但是孩子是否都能理解父母的苦心呢？孩子懂得将父母的这种期望化作自己学习的动力吗？有些孩子可以做到，有些孩子却不能。

孩子的素质和品德远比学历更重要，一个不知道父母辛苦，不知道学习价值和意义所在，不懂得正确使用自身知识为家人或者他人，乃至全人类谋福祉的人，即便学富五车，取得全世界最高学府的毕业文凭，大概也是不能为社会做出

积极有益的贡献的。只有让孩子学会承担责任、学会分享爱，才能让孩子的学习效果达到最好，才能让孩子的知识效能发挥到最大。

我从来不避讳向皮皮讲述学习的目的以及知识的重要性，我甚至直接告诉他一定要学好各科知识，将来考取好的中学、大学，使自己更具竞争力，为自己的人生增光添彩。

皮皮的爸爸说，不应该这么早就让皮皮知道这些成人世界的事，他说我的这个教育理念看起来像是旧社会封建守旧的"育子经"。但是我不这么看，虽然说孩子的学习应该是在一个轻松愉快的状态下进行的，只有这样才能收到更好的学习效果，但是我觉得"名不正则言不顺"，让孩子充分理解学习的意义，是学习的前提。一个不知道学习是什么、为什么而学习、学习的目的和价值所在的孩子，是不可能圆满完成学习任务的。

皮皮向来比较理解我的心思，他知道考高分不是目的，掌握知识才是目的，考名牌学校不是目的，自我深造、厚积薄发才是目的。所谓的反哺父母、报答养育之恩不是目的，为自己铺设一个锦绣前程、宽慰父母之心才是目的……本着这样的观点，皮皮在自己的学习兴趣之上，增添了一份学习的责任，责任兴趣并重，他的成绩自然是优异的。

爱孩子就要让孩子学会承担责任

父母想要保护自己的孩子，想要提供给孩子一个优越安逸的环境，让孩子能够潜心就学，这份心意是值得钦佩的，但是父母也不该只是无休止地付出，也需要学会让孩子分担一些，让孩子体会到家长的压力和生存的不易，让孩子明白，自己也是家庭中的一分子，也有责任和义务为家长分忧解难，并且通过自己的努力让家人过上更好的生活。

因此明智的父母不会仅把孩子养护在温室里，做一个看似美丽实则脆弱的花朵，他们会让自己的孩子试着去分担一些家务，让孩子了解父母和生活的辛苦，让孩子们试着领会学习的意义和真谛，真正地爱上学习。

　　我和皮皮的爸爸有时候会给皮皮讲我们年轻时候的奋斗史，虽然我们的奋斗史里泪水多于欢笑，苦痛多于享受，没有多少欢乐可言，但是我们仍旧愿意将这段过往岁月拿出来和皮皮共同分享。

　　皮皮已经是个小男子汉了，我和他爸爸相信他已经足够的坚强，有了足够的担当，可以理解我们养育他的辛苦和不易，也相信他能够不辜负我们的期望，好好学习，天天向上。

　　为着一份责任和爱，皮皮始终保持着优异的成绩，让我们几乎从来不曾为他的学习操过心。因为心中有爱，有责任，有担当，皮皮一天比一天更成熟，一天比一天更睿智，他开始懂得他是我和他爸爸所有的希望，也最能代表我们人生的成果。所以皮皮从来不愿意辜负我们的期望。有时候他也会贪玩，也会走神，但是他总能够让自己维持在一个合理的范围之内，有错误就及时改正，避免错误的再次发生，让我和他爸爸感到放心。

　　很多父母不愿意将"学习"这件事当作一个严肃死板的事情来说，他们更愿意让孩子把学习看成简单快乐的一件事，让孩子无忧无虑地学习。其实"学习"本身就是一件承载着责任和担当的一件事，父母大可开诚布公地告诉自己的孩子：为了爸爸妈妈，为了我们的家庭，你一定要好好学习。

4. 发现孩子身上的可喜变化

一般情况下，养成一个习惯，需要30天左右的坚持，父母要求孩子坚持30天不变的信念和习惯，自己更要坚持，父母要求孩子十年磨一剑，自己也同时要接受磨炼。我们做父母的准备好了，会继续去求新知，求上进！孩子，你们准备好了吗？那么让我们一起破茧成蝶，漫天飞舞吧！

引导孩子养成好习惯，令孩子受用终生

我们都知道，良好的学习生活习惯对孩子有巨大的影响力。

良好的学习习惯是一个人学习进步的关键。有一位做出杰出贡献的科学家，在接受记者采访时说："我从来不认为自己比别人聪明，在我很小的时候，我甚至比其他同龄的孩子还要木讷、迟钝，我之所以能取得现在的成绩，要归结于我爱记笔记的好习惯。因为觉得自己头脑没有别人聪明，担心自己忘掉一些重要的公式和学习方法，所以只好拿纸笔随时记下来，时间久了，积累也就多了。"

另一方面良好的生活习惯能够让孩子赢得更多人的尊重，让孩子在社会生存中更具竞争力。有这样一个故事，可以从一个侧面说明好习惯的重要性：苏联发射第一艘人造飞船的时候，在宇航员的遴选上遇到了一些难题，这并不是说苏联缺乏优秀的宇航员，而是说优秀的宇航员实在太多了，他们都有着优秀的职业技能，让相关负责人无从取舍。在这个关键的时候，通过一件小事，负责人终于发现了自己要找的那个最佳人选，他就是加加林。

你一定很好奇，加加林是如何在激烈的竞争中脱颖而出的呢？原来为了宇航员熟悉飞船内的环境，相关负责人带着这些备选的宇航员参观了飞行舱。负责人们发现，在进舱门的那个时刻，绝大多数宇航员们都满怀期待地直接走了过去，

只有加加林一个人，蹲下身，脱掉鞋，才走进舱门。这个不经意的小细节中所显示出的良好生活习惯打动了相关负责人，他们毫不犹豫地选择了加加林。

既然良好的学习、生活习惯是十分重要，少儿时期正是习惯养成的绝佳养成期，父母务必要抓住这一时机，让孩子养成良好的学习和生活习惯，而这必将成为日后的宝贵财富。

在一次关于诺贝尔得主的调研采访过程中，记者问了其中一位获奖者这样一个问题："请问您在哪所学校学得了最多的知识？"结果获奖者的回答出乎很多人的预料，他说："让我获取最多知识财富的学校是幼儿园，因为在那里，我养成了很多生活和学习方面的好习惯，书本摆放要整齐、功课要随时温习、遇到不懂的问题就要随时发问……这一切都是让我受益一生的财富。"

在孩子小的时候，父母可能只需要花费很小的力气，就能让孩子养成良好的学习、生活习惯，这些好习惯在孩子成长过程中的作用不容小觑，每一个好习惯都是孩子前进道路上的加油站。让我们帮助孩子养成爱读书的好习惯，这会让孩子在成年之后颇具才识；让我们帮助孩子养成集中精力的好习惯，这会让孩子专注于基本知识点的掌握，将学习效能发挥到最大程度；让我们帮助孩子养成坚持的好习惯吧，这样就会让孩子抓住人生的每一次机遇，创造灿烂锦绣的人生……好习惯可以带给孩子成功、快乐、幸福的一生。

30天，让父母和孩子一起脱胎换骨

当我们想改变一种长期以来顺理成章的积习时，难免会感觉痛苦。但是如果我们已经意识到错误的思想和行为影响到孩子的学习和发展，并且已经心知有更好的途径去达成更好的结果，那么一时的改变带来的痛苦又算得了什么呢？30天的坚持能带来发自内心的改变和适应，只要我们有意去从头至尾保持正确的态度和行为。为了孩子能够快乐一些、轻松一些，自觉地、独立地去学习，就让我们和孩子一起改变吧。

30天内，父母要做到：

- 以朋友的身份对待孩子
- 呵护孩子的自尊、自信
- 任何时候给孩子公正中肯的评价
- 带头学习
- 对孩子的缺点或退步进行指导，不训斥、不责骂、不惩罚
- 与孩子签订自治协议，给孩子最大的自由
- 尽力帮助孩子对孩子感兴趣的未知领域进行探索
- 以讨论的形式与孩子切磋学习方法和计划，合理安排学习与玩耍时间
- 相信孩子，耐心看待孩子的成长过程

……

30天内，我们要引导孩子做到：

- 以正确的思想态度和观念对待学习中遇到的困难
- 碰到任何困难有必胜的勇气和信心
- 以正确的方法去学习
- 珍惜时间，提高效率
- 适应为自由而自治，因自治而自由
- 发掘自己的兴趣，保持探究的精神
- 培养自己的业余爱好
- 学会心平气和地、安静地学习

……

30天后，我们会体会到生活更朝气蓬勃、健康向上，孩子也会感觉到学习更

轻松；30天后，学习在这个家庭里已经成为一种坚实的精神力量，每个人都体会到学习带来的卓有成效的充实感。这个家再也不会因为学习而剑拔弩张，学习成为家庭每个成员沟通的纽带、互相理解的桥梁，学习还成了爱的承载，每个人的心态都会更加平和而易于互相接受。

　　为了爱和责任，让我们一起破茧成蝶，在知识的星空漫天飞舞。

后　记

引导得法，每个孩子都会情不自禁地爱上学习

父母就像开山挖渠的人，要先行付出艰苦努力，帮孩子引水入田。孩子有了适当、充足的灌溉，才会茁壮成长，丰收喜报频传。养和育是两种责任，养孩子难，教育孩子更不能等闲视之，父母只有不断学习，思考科学的教育方法，为孩子选择适合的学习方法，才能如引来活水灌沃土一样，水到渠成，效果喜人。

当孩子不愿学习时，父母要检讨一下自己的教育方法，再设身处地为孩子想想，孩子是否遇到了站在他那个高度无法理解和解决的困难。父母如果给孩子提供切实有效的帮助，便不再是"填鸭"，不再是"揠苗助长"，而真正能够把孩子"扶上马，再送一程"。

大多数孩子都是乖巧的，他们懂得父母的辛苦和不易，能够如父母所愿，踏实就学，但是孩子毕竟是孩子，他们正处在活泼好动，好奇心强、求知欲强烈的年纪，很容易受到外界的干扰和影响，一旦遇到新鲜事物的吸引和刺激，很可能就会分散了学习的心思。

其实我们成人也有分心的时候，上班的时候可能会想去度假，加班的时候想和朋友们聚一聚……但是作为成年人，我们心中是有杆秤的，什么事情该做，什么事情不该做，什么事情能做，什么事情不能做，我们都有一个分寸，当我们的心思不小心脱离正规的时候，总会有一股更强大的信念的力量将我们拉回到正途上来。但是孩子就不一样了，他们还没有大人的那种强大的自制、自律能力，当学习上进心遇到外界干扰就会分散、停滞，这时候孩子需要一个助力，将他们推向正轨。

父母还应该看到，孩子之所以会贪玩、会分心，根本原因在于孩子并没有全心全意地爱上学习，他们只不过把学习当成一项硬性任务来完成，一旦遇到诱惑，孩子学习的心就会动摇。要想让孩子笃定地坚持学习，就要让孩子真正地爱上学习，一旦对学习产生浓厚的兴趣，孩子们意志力就会变得坚忍顽强，学有所成，最终获得良好的发展前景。

因此父母要引导孩子去喜欢学习、去热爱学习，让学习变成一种习惯，一种不可或缺的乐趣，只有这样，才能让自己的孩子始终如一地保持对学习的热情。

另外需要注意的是，在引导孩子学习上面，我们可以用心去做，却不可以将我们的思想强加于孩子，保持孩子活泼的天性，让孩子多一份对未来社会的责任感，孩子会意识到学习的重要性，会体会到自己的使命和责任，主动去学习。